1週間後には「マイナス7歳」見ちがえる！

# 間々田佳子のかんたん顔筋トレ

表情筋研究家
間々田佳子

KADOKAWA

# はじめに

筋トレをすれば筋肉は引き締まって、体の見た目がよくなるのは周知の事実です。ウエストを引き締めたいから体をねじる、下腹を引っ込めたいから腹筋する、痩せたいからランニングをするなどは、当然思いつくことでしょう。

しかし、顔にいたってはどうでしょうか?
目尻にシワができるから、ほうれい線が気になるから、口が歪むからと言って笑わないようにしている、顔を動かさないようにしている、という人が少なくありません。

顔を作っているのは筋肉です。小顔になりたいのならば顔の筋肉に興味を持ち、しっかり動かして引き締めることを私はおすすめします。また、表情筋を「鍛える」だけでなく、長年の表情のクセによって使いすぎていた筋肉から「力を抜く」、そして理想の動きを擦り込ませることがとても重要です。筋肉の使い方が変われば、肉のつき方は変わり、努力次第で顔は「自力」で理想に近づけることができるのです。

さらに、私が長年自分の顔に向き合い、表情筋を鍛えることを実践する中で、新たな気づきを得ました。それは、「猫背だから顔は抜ける※、衰える」ということ。顔と体をつなげ、体の軸を整えるように「顔の軸＝コアフェイス」を整えると、自然と顔はミニマムに鍛えられるようになります。ムダな力が抜けて、わずかな力で細かい筋肉を1つ1つ動かせるようになります。

表情にも変化が現れてくると「自分がこんなにうまく笑えるなんて知らなかった」とびっくりする生徒さんをたくさん見てきました。結局、顔の衰えは単なる運動不足が原因なのに、加齢や遺伝など別の理由に置き換えて変わりっこないと思い込んでいる方が多いんでしょうね。顔は少し意識を向けるだけでも変わるのだと、本書を実践することでぜひ気づいていただきたいです。

顔や体の構造を理解し、顔の筋肉をコントロールする『コアフェイストレーニング®』のメニューを今回「顔筋トレ」と表現することで、よりみなさんが親しみを持って始めていただけるのではと期待しています。体の筋トレと同じように、顔の筋トレもまずは動かす。理想の自分の顔を目指して、顔も動かしていきましょう！

表情筋研究家
間々田佳子

※顔が抜ける
意識していないときのお腹が力が抜けてゆるんでいるように、顔も意識していないと芯がなくなってどこか抜けているということ。引き締まっていないイメージ。

# Contents



Staff
協力／関根 綾（ままだよしこメソッド）
デザイン／島村千代子
撮影／浦川一憲
ヘアメイク／広瀬あつこ
イラスト／木波本陽子
校正／根津桂子、新居智子
編集／佐藤綾香
若松友紀子（KADOKAWA）

衣装協力
イージーヨガジャパン
http://www.easyogashop.jp

1週目

表情筋を動かす！

## 意識づけのトレーニングプログラム



2週目

小顔への近道！

## スッキリ&メリハリ顔トレーニングプログラム



3週目

顔のコンプレックスに効く！

## 攻めのトレーニングプログラム



4週目

TPO顔を手に入れる！

## 仕上げのトレーニングプログラム

# 顔筋トレ「コアフェイストレーニング」で
# 肌にも脳にもいい効果が！

歪んでしまった体・顔の軸、コリ固まった 顔の筋肉（表情筋）を意識して
自分で整えることでうれしい効果が得られます。

## 1 小顔&若見えで整形いらずの魅力あふれる美顔に

人間の顔には左右合わせて約50の筋肉（表情筋）があり、笑ったり食事をしたり、言葉を発したりするたびに、連動して動きます。とても重要な筋肉ではありますが、顔の筋肉は表皮のすぐ下にあって、とても薄く小さいもの。運動不足になるとすぐに影響が出ます。逆に言えば、顔の筋肉は筋トレの効果が出やすいのです。

今まで動かしていなかった顔の筋肉の存在を意識し、動かすだけでも疲労感を覚えるはずです。その一方で、使わなくていい筋肉をゆるめるのも大切。鍛えすぎた筋肉は大きくなるので、エラが気になる場合は咬筋を休ませるなど、目的に合った筋肉をピンポイントで意識できるようになりましょう。すると、引き締まった小顔はもちろん、ぱっちりと輝く瞳、口角の上がった唇など、自分の印象も整形なしで思いのままに作れます。

Before

顔の筋肉を意識する前の38歳当時。頬にお肉がついていて、顔も横に広がって見えます。

After

輪郭がシュッと細くなり、目鼻立ちにもメリハリがあります。イキイキとした表情に。

## 2 表情筋を動かすと、肌ツヤUP！シワやたるみ、むくみが取れてスッキリ

顔筋トレによって表情筋を意識して動かすようになると血行が促進され、柔軟性のある筋肉が作られます。また、今まで滞っていたリンパの流れがよくなります。すると老廃物の排出がスムーズになり、むくみが解消されたり、何となくどよ〜んとしていたくすみが改善されたりすることで、肌のツヤがアップ！

さらに、顔のたるみやシワは表情筋を正しく使えていないことが原因と考えています。表情グセなどで表情筋を使いすぎてマッチョになっていたり、使わずにゆるんでしまうと、シワになったり、たるみやすい傾向があります。

本書で提案する顔筋トレは、マッチョになっている表情筋は使わず（＝力を抜く）に、引き締めたい表情筋は鍛える（＝力を入れる）ことで、まんべんなく顔を動かし、シワが入りにくい弾力肌を作ることを目的としています。内側から表情筋がパンッと肌を押し上げて、自然のハリを作ることができるようになりますよ。

## 3 顔を動かす＝脳トレ！笑顔を作れば気持ちも明るく前向きに

顔筋トレで表情筋を動かして、表情を作ることは、脳にも刺激を与えます。表情筋を意識的に動かすほど、脳も活動的になります。そのため、表情豊かに顔を動かすことは、脳のトレーニングにもよい効果が得られます。また、口角を上げるだけでも、脳はリラックスしているときに働く副交感神経が優位になるため、気持ちも明るく前向きになります。

暗い表情やしかめっ面は、心がネガティブになる傾向が。

笑顔のときは、「楽しい」「幸せ」など、心がポジティブになる傾向が。

# こんな顔グセありませんか？

頭痛で眉間が寄っていたり、驚いたときに眉が上がったり…、
これらの動きは顔の筋肉をギュッと緊張させています。
自分にどんな顔グセがあるかを知っておけば、
鍛える筋肉とゆるめるべき筋肉の意識や使い分けができるようになります。

## 顔の印象を決める

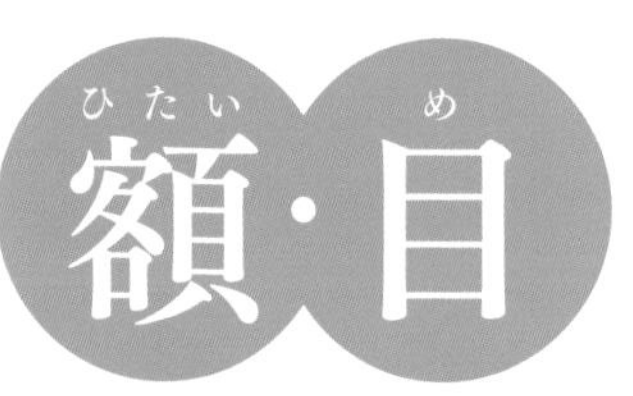


目のまわりの筋肉を使えていないと、「眉が下がる」「まぶたがたるむ」
といった老化のサインがダイレクトに現れます。
また、下がったまぶたを上げるために額の筋肉を使うクセがついてしまうと、
おでこのシワが徐々に深くなってしまいます！

＼印象ダウン↘／

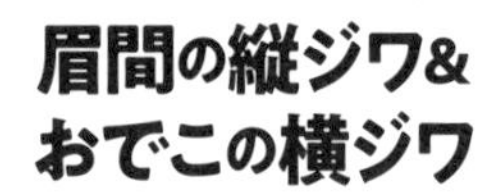


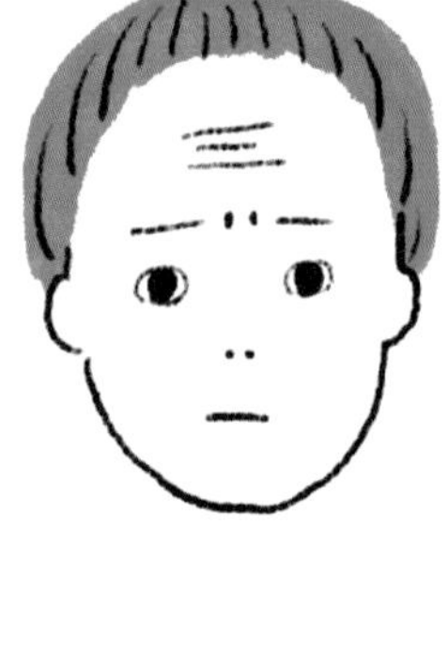

常に額や眉間に力を入れるクセがあるとその部分にシワが入りやすくなり、だんだん深くなります。

＼あの頃の輝きはどこへ／

### 目に元気がない&小さい（細い）

上下のまぶたの筋肉がたるんでくると、目の開きが悪くなり、目が細く小さくなります。目が開かないと光の反射も減り、目に生気がなくなります。

＼疲れ見え必至／

### 目の下のクマ

血行不良や目元のくぼみによって現れる目の下のクマは、なかなか消えないもの。改善には、意識的に目のまわりの筋肉を動かす習慣が必要です。

＼アンバランスな顔！／

### 目の大きさ・眉の位置が異なる

利き目や片眉を上げるクセ、顔の傾きなどによって使い方に差が生じると、目の大きさや眉の位置に違いが出てきます。

**眉間の縦ジワ&おでこの横ジワ**

「眉リセット」(p.30)&「前頭筋リセット」(p.31)で解消！

**目に元気がない&小さい(細い)**

「アイトレ」(p.42)で解消！

**目の下のクマ**

「下まぶたピクトレ」(p.54)で解消！

**目の大きさ・眉の位置が異なる**

「側頭筋リセットアップ」(p.66)で解消！

## 力の入れどころ&抜きどころがわかれば、好印象顔に！

### Best

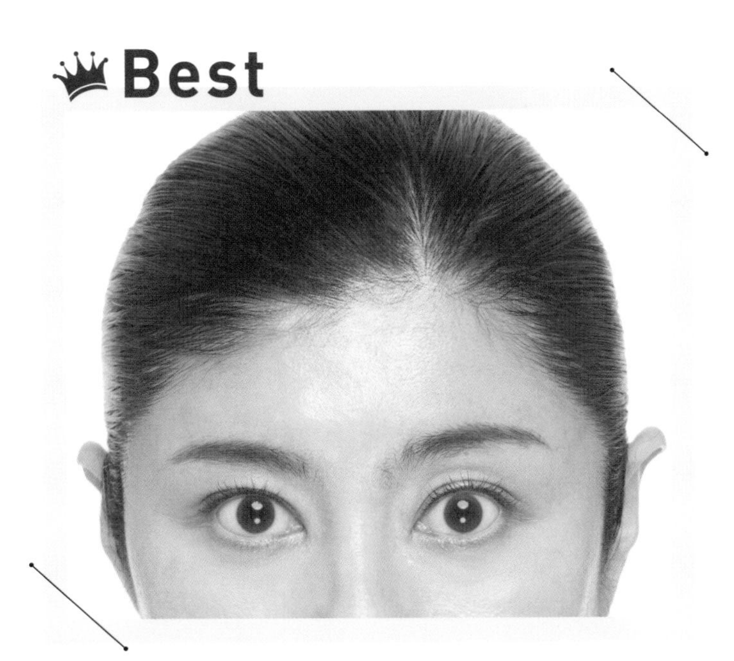

つるりとシワのないおでこと、パッチリ開いたキラキラ輝く瞳。
額と目は第一印象を左右する重要なパーツなので、
「理想の自分」が現れるように整えましょう。

目はよく動かすところなので、その周辺の筋肉も連動しやすいため、表情グセや習慣による影響が出やすい部位です。

無意識に加わる余分な力を抜き、必要なところには力を入れるトレーニングができるようになると、シワやたるみがとれた好印象顔に！　まずは自分の顔グセをチェックして、力の入れどころ&抜きどころを見極めましょう。

# 遺伝、老化、重力が敵になる 頬(ほほ)

加齢によって皮膚のハリがなくなり、頬が垂れてくる…。
しょうがないことだと考えていませんか?
実は表情筋の利かせどころがわかれば、
顔でいちばん大きい面積を占める頬もスッキリ見違えます!

＼ブルドッグみたいに／

## 頬が垂れる

あごの筋肉ばかり使うクセがあると、頬の筋肉が衰え、顔の丸みがなくなってブルドッグのように頬が平べったく垂れ下がるようになります。

＼顔が大きく見える!／

## 頬を横に広げて笑う

わかりやすく「笑顔」を作ろうとするクセがあると、必要以上に頬を広げてしまうため、顔の横幅が大きく広がって見えるようになります。

＼劇画かな?／

## ゴルゴ線が入ってる!

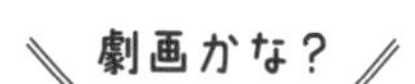

頬とまぶたがたるみ始めると目の下のたるみが激しくなります。そうすると「ゴルゴ線」が現れ、疲れて見えたり老けて見られてしまいがちです。

＼THE 疲れ顔／

## ほうれい線が目立つ

顔の筋力や肌のハリが衰え、頬の重みに耐えられなくなると、ほうれい線が現れやすくなります。

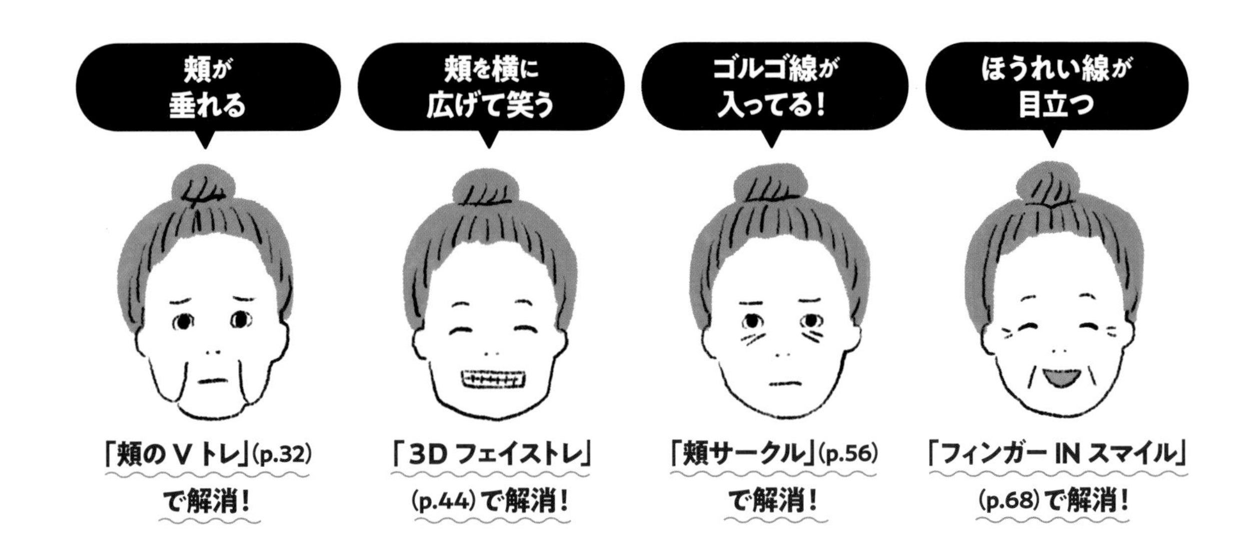


## 不要な顔の「線」や「幅」は、意識を正せばスッキリ消える！

笑顔でも目まわりにムダなシワが寄らず、
頬が横に広がることもない、メリハリのある立体フェイス！
頬を高い位置に上げて寄せる意識がスッキリの秘訣。

頬に現れる「垂れ」や「ほうれい線」などの危険信号は、遺伝・老化・重力・表情グセによってもたらされます。これに抵抗するには、頬の筋肉を鍛えるのがいちばんの特効薬です。

顔の土台となる「頬の筋肉」を鍛え、丸く高い位置にぐっと上げる意識を持てば、ほうれい線や「ゴルゴ線」、頬のもたつきなどがなくなります。

# 口のゆるみは顔のゆるみ 口(くち)・唇(くちびる)

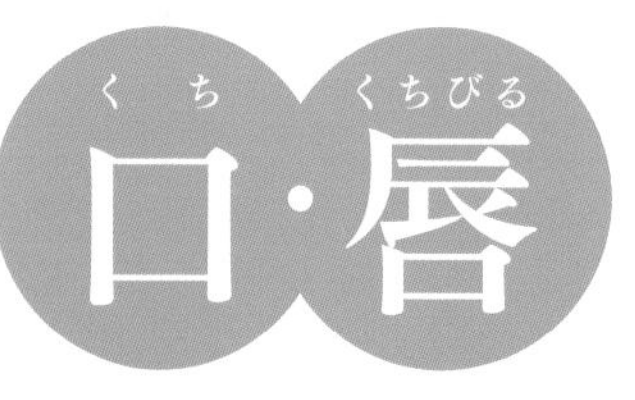

顔の下半分の印象は、口まわりにあり。
治らないと思っているクセも放置しないで!
人には見られていないなどと油断していると、
だんだんと顔全体に影響してきます。

＼ だらしない! ／

## 半開きの口

口まわりの筋肉が衰え、ゆるんでいると、口がぽかんと半開きになってしまいます。顔の筋肉も衰える傾向にあります。

＼ 鼻の下が長くなった!? ／

## 唇が薄い

普段から無表情でいることが多いと表情筋が衰え、鼻の下が伸び、唇が薄っぺらくなってきます。

＼ 美人も残念に! ／

## ガミースマイル

笑ったときに歯茎がガッツリ見える「ガミースマイル」。原因は口角を上げるときに必要以上に口まわりにも力を入れるクセにあります。ガミースマイルもちゃんと治せるんです!

＼ 怒ってるの? ／

## への字口

奥歯を噛みしめるクセや唇を横に引くクセは、口元の下側の筋肉や噛む筋肉をマッチョにしています。その結果、口角が下がり、への字口になるのです。

| 半開きの口 | 唇が薄い | ガミースマイル | への字口 |
|---|---|---|---|
|  |  |  |  |
| 「ウートレスライド」(p.34)で解消! | 「唇プッシュ」(p.46)で解消! | 「鼻ロック口角レイズ」(p.58)で解消! | 「唇INアップ&ダウン」(p.70)で解消! |

## **口まわりを鍛えること**で、顔の印象もよくなる!

**Best**

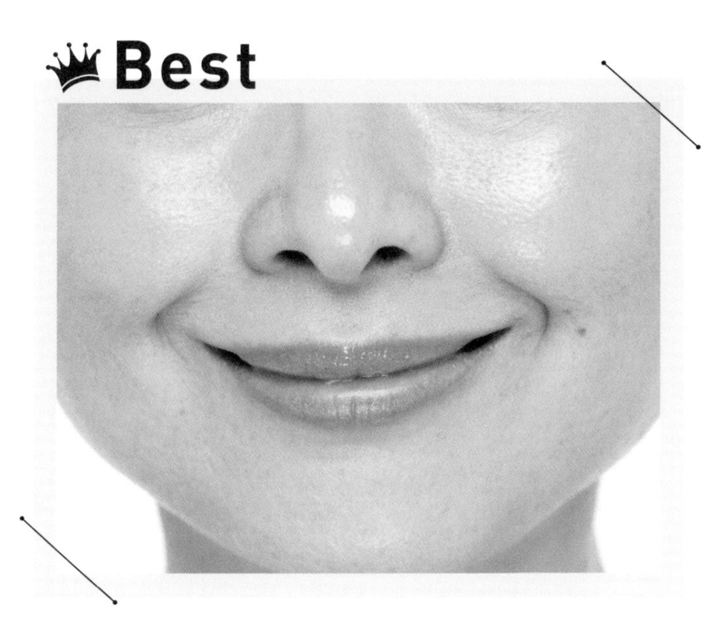

口角の先がきれいに上向きになっていて、左右バランスよくUP!
唇はぷっくりと色ツヤよく、リップラインもはっきりとしています。
これも顔筋トレの効果!

加齢で表情筋が衰え始めると、鼻の下が伸びて口まわりがゆるみ始めます。さらに口はよく動かす部位だからこそ、使い方にクセが生じ、シワやたるみの原因に。

口まわりの筋肉をバランスよく鍛えて、顔の下半分を整えれば、不機嫌に見えたり、老けて見えたりすることもなくなります。

## 顔が大きくなる原因!

顔が大きくなるのは、ほとんどがあごの筋肉が発達しすぎているか、
首まわりの力が抜け、フェイスラインがゆるむことが大きな原因です。
あごの余分な力を抜き、首まわりを鍛えて、
スッキリとしたフェイスラインを目指しましょう。

もたつきは脂肪のせい?

### 二重あご

やせているのに二重あごだという人は、猫背や巻き肩に注意。首の後ろが緊張していると、あご下は反対にたるみ、首にもシワができてしまいます!

シワシワごつごつ

### 梅干しあご

あご先に現れる梅干しのようなシワは筋繊維の凸凹です。あごに力が入っていると、頬が下に引っ張られてたるむ傾向があります。

頭が重そう

### 首が縮まる

姿勢が悪いと肩を上げ、首をすぼめてしまう傾向が。頭を支える首の力が弱くなり、ムダなお肉がつき始めます。

顔全体が緊張している

### デカ顔

PCやスマホを集中して見ていると、顔や体が緊張します。血行も悪くなり、顔がむくみやすくなります。疲れがたまると、頭の回転も鈍くなります。

「舌筋プッシュアップ」（p.36）で解消！

「あごリセット」（p.48）で解消！

「対角線ストレッチ」（p.60）で解消！

「頭蓋骨ストレッチ」（p.72）で解消！

## あごと首を操れていれば、小顔への道は開かれる！

### Best

30歳あたりから、あごのラインがたるみ始めハリがなくなることで、輪郭がぼやけてきます。顔と首の皮膚がつながっているように、筋肉もつながっています。土台となる、あごと首の筋肉を鍛えて引き締めることで、フェイスラインもシャープに整えましょう。

首筋からあご先まで、スッとシャープなフェイスライン。
首まわりの筋肉をしっかり使い、頭を支えられていることが大事です。
首の後ろを伸ばすことが小顔への近道♪

顔筋トレの極意

# 顔をたるませる、歪ませる原因は頭蓋骨の位置にあり！

顔グセは、顔の筋肉（表情筋）の使い方によって生まれるものです。
そして表情筋の土台・頭蓋骨は、首から体、骨盤までつながっています。
顔筋トレで結果を出すには、まず頭蓋骨の位置を正すことが重要です。

## 頭皮のコリや肩こり、腰痛などなど…さまざまな原因で体は歪んでいる

私たちの体は、気を抜くとラクなほうに歪んでいきます。例えば、バッグをいつも同じ肩にかけたり、皿洗いのときお腹をシンクの前につけたり、足を組んで座ったり、片足重心で立ったりなど、思い当たることはありませんか？

姿勢が悪いのは、その体勢がラクだから。顔もシワができたり垂れたりするのは、そのほうが「ラク」だからです。しかし、そのラクな姿勢が、首こり、肩こり、腰痛などを生み出しています。さらに頭蓋骨が傾くことで、顔に歪みが生じ、顔のシワ、たるみを引き起こしています。

つまり、顔を正しく動かすためには表情筋を動かすと同時に、顔の土台となる頭蓋骨を支える首・背骨・骨盤までも整えることが大事なのです。

正しい習慣づけをしなくては、また顔も歪んでしまいます。顔と体に正しい習慣づけをすることが、顔筋トレの目的です。

姿勢を正してと言ったときに胸を張る人が多いのですが、本書の「コアフェイス」は、できるだけムダな力を入れずに1本1本の背骨を積み木のように積み上げ、頭をフワッと天井に上げていくことをクセづけることがポイント。姿勢を正そうと緊張すれば、それはまたムダな力を入れてしまい、顔を固まらせてしまうことに。姿勢を崩した状態で顔を動かしても狙った効果は期待できません。

こんな姿勢になっていませんか？

# 頭蓋骨の位置を変えながら同じ顔の動きをしてみて。表情筋の利く場所が変わりませんか？

顔の筋肉を動かすためには、顔だけを鍛えればいいわけではありません。上を向いて「ニー」、次に下を向いて「ニー」と笑ってみてください。

上を向いたとき、下を向いたときで顔の筋肉の利き方にちがいがあることに気がつきませんか？頭蓋骨の位置によって、筋肉の利く場所が変わります。顔を動かす前に、必ず「顔の軸（コアフェイス）」を整えて、表情筋を正しく鍛えましょう。

上を向いて「ニー」、下を向いて「ニー」と笑ってみて。

# 体と頭の軸を整え、頭蓋骨の位置を正せば、顔も整う

頭の重さは約5kgあり、首が弱くて頭蓋骨を正しく支えられていない人が多いです。頭の位置が傾くほど首に負荷が増えます。頭の位置が定まらないと、その負荷を支えるために姿勢が悪くなり、体も顔も歪む…という悪循環に。さらに頭が前に落ちていると、あごまわりや首が詰まり、リンパの流れが悪くなって顔がむくみます。顔のむくみや筋力不足は大顔の最大の要因！顔筋トレの前に、まずは頭蓋骨の位置を正しましょう。

顔筋トレも顔と体を一度ゆるめて、リセットした状態で始めたほうがより効果を実感できますよ。

←顔の骨格と表情筋を知って、顔にできるシワや線のメカニズムを知ろう！

## 表情を作る

# 顔の骨格と筋肉

顔の骨格と筋肉がどのように連動しているかをきちんと理解し、
その配置や役割をイメージすることができれば、
意識的に必要な筋肉を鍛えることができます。

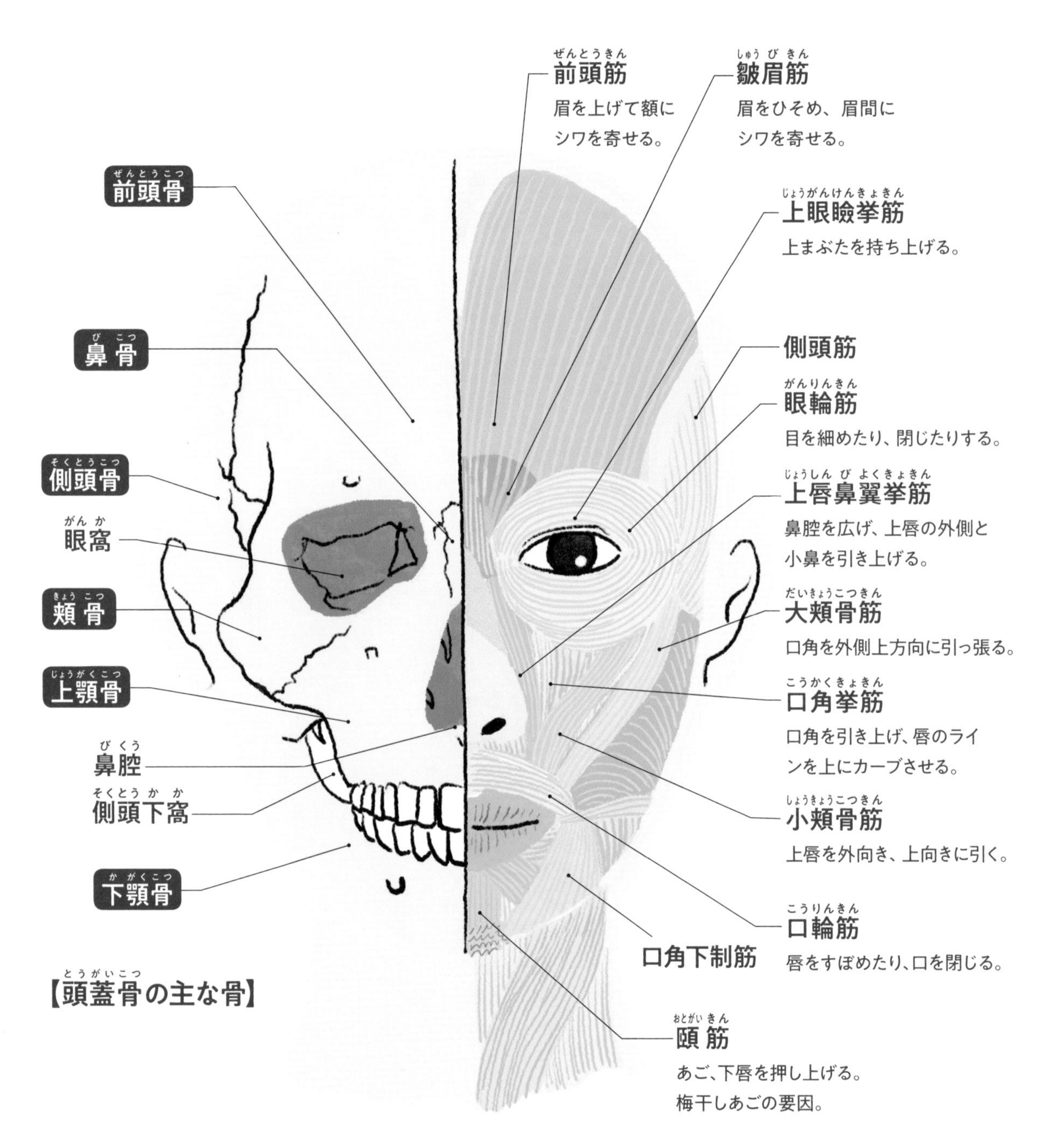

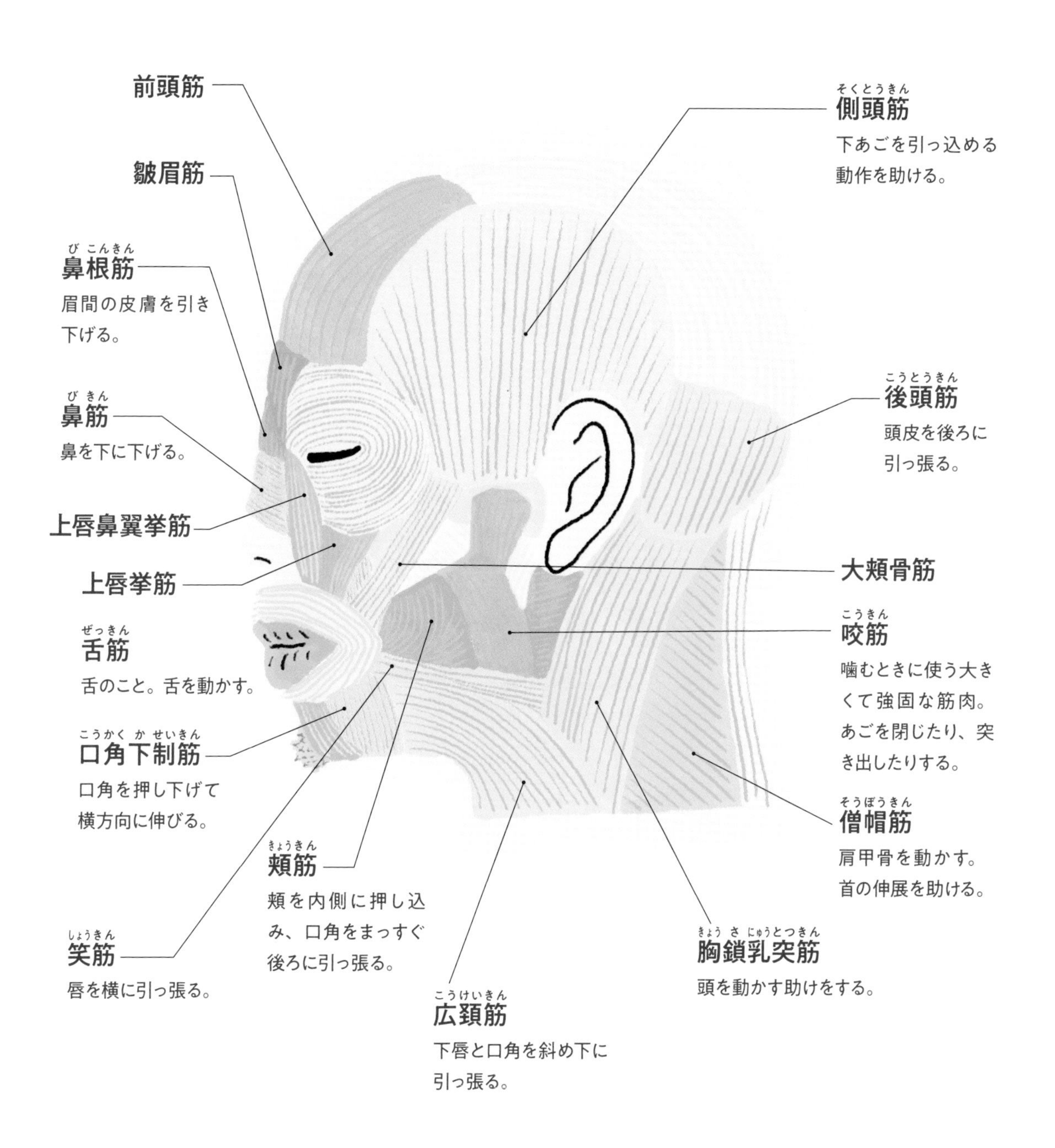
前頭筋
皺眉筋
鼻根筋
眉間の皮膚を引き下げる。
鼻筋
鼻を下に下げる。
上唇鼻翼挙筋
上唇挙筋
舌筋
舌のこと。舌を動かす。
口角下制筋
口角を押し下げて横方向に伸びる。
頬筋
頬を内側に押し込み、口角をまっすぐ後ろに引っ張る。
笑筋
唇を横に引っ張る。
広頚筋
下唇と口角を斜め下に引っ張る。
側頭筋
下あごを引っ込める動作を助ける。
後頭筋
頭皮を後ろに引っ張る。
大頬骨筋
咬筋
噛むときに使う大きくて強固な筋肉。あごを閉じたり、突き出したりする。
僧帽筋
肩甲骨を動かす。首の伸展を助ける。
胸鎖乳突筋
頭を動かす助けをする。

コアフェイスを極める！

# 基本の顔筋トレ

毎日この基本トレーニングメニューを行うだけでも軸が整い、
顔の筋肉を鍛えるエクササイズに!
かんたんな動作からコアフェイスを極めていきましょう。

## 基本姿勢

顔と体はつながっているので、
姿勢が歪んでいると顔も歪んできます。
正しい姿勢を意識しましょう。

### 座る

胸を張ると反り腰になりやすいので、腹筋をキュッと引き上げて骨盤のバランスを正す。

尾てい骨から頭頂部まで糸でつり上げられているイメージで。

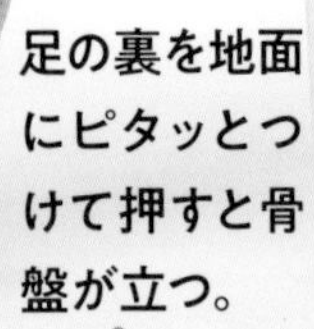

足の裏を地面にピタッとつけて押すと骨盤が立つ。

### 立つ

額とあごは床に対して90度にする。

胸を張りすぎず、肩を下げてリラックスさせる。

おへその下をキュッと引き締める。

足の裏で地面をしっかり感じる。

毎日やろう！

# コアフェイス・セット

頭蓋骨の正しい位置を明確にして安定させることが、顔筋トレでもっとも大切なこと。このウォーミングアップで、表情筋を動かす際の頭蓋骨の正しい位置を学びましょう。

## コアフェイス・上下チェック

コアフェイス・ポジションの上下を意識するトレーニング。
姿勢を正し、指先で頭頂部を押す。
唇を前に突き出し、「シュ〜」と息を吐き出す。
息を吐くときにへその下から空気を絞り上げるようにする。

## コアフェイス・側面チェック

コアフェイス・ポジションの左右を意識するトレーニング。
手と頭が押し合うイメージで、鼻の下を伸ばして「ホ〜ッ」と言いながら息を吐き出す。
片側ずつ行う。

# コアフェイス・前面チェック

コアフェイス・ポジションの前を意識するトレーニング。額に指を当てて、軽くあごを下げて額で指を押す。顔全体を開くイメージで目も見開き、頬を上げて「ワー」と笑う。

✕NG

あごが上がって、首の後ろが縮まっていると顔は抜けやすくなる。

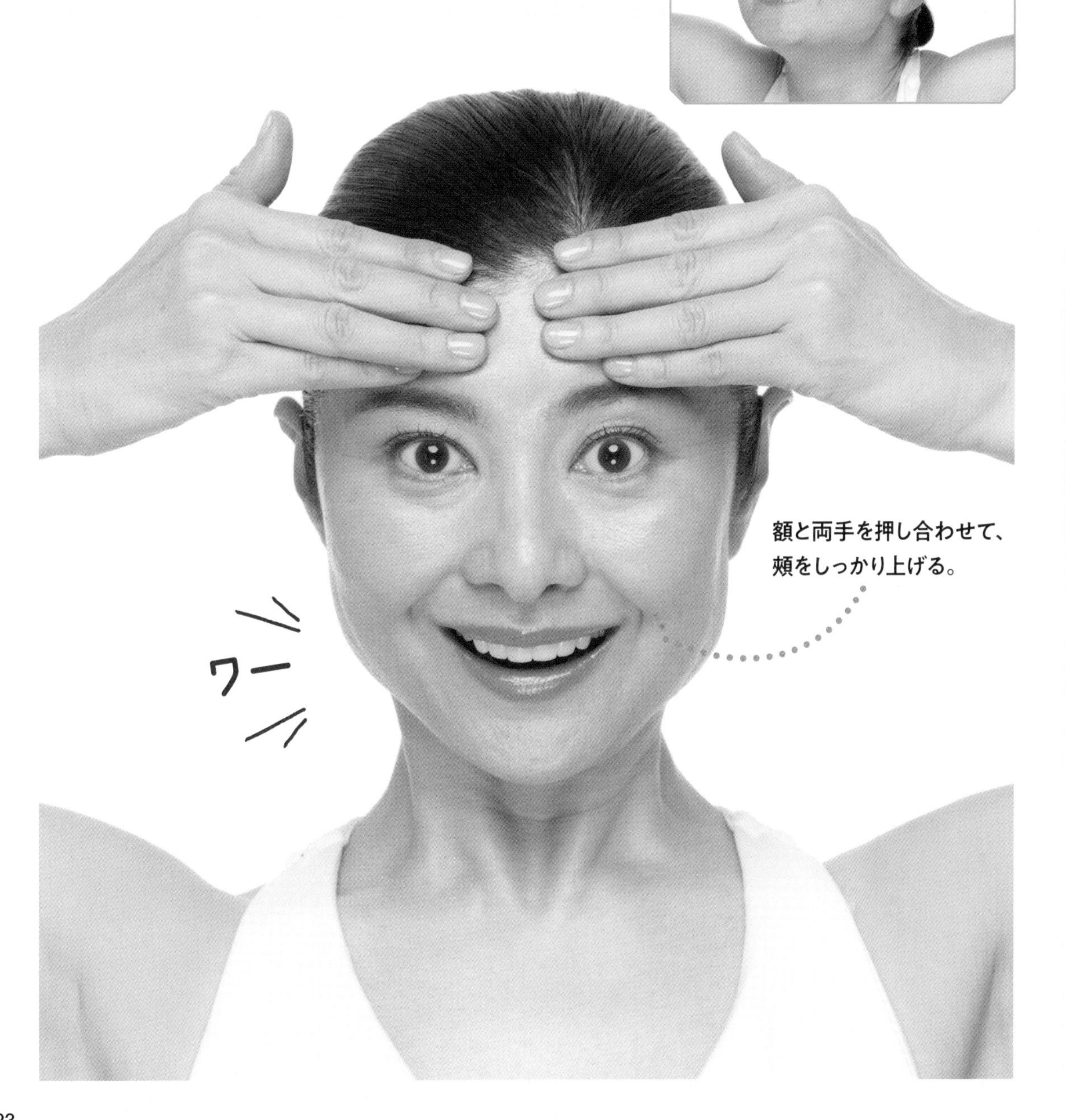

# コアフェイス・背面チェック

コアフェイス・ポジションの後ろを意識するトレーニング。
頭の後ろに両方の手のひらを当て、首の後ろを伸ばしながら頭で手を軽く押す。
舌を思い切り出して、「べ〜」と言いながら息を吐く。

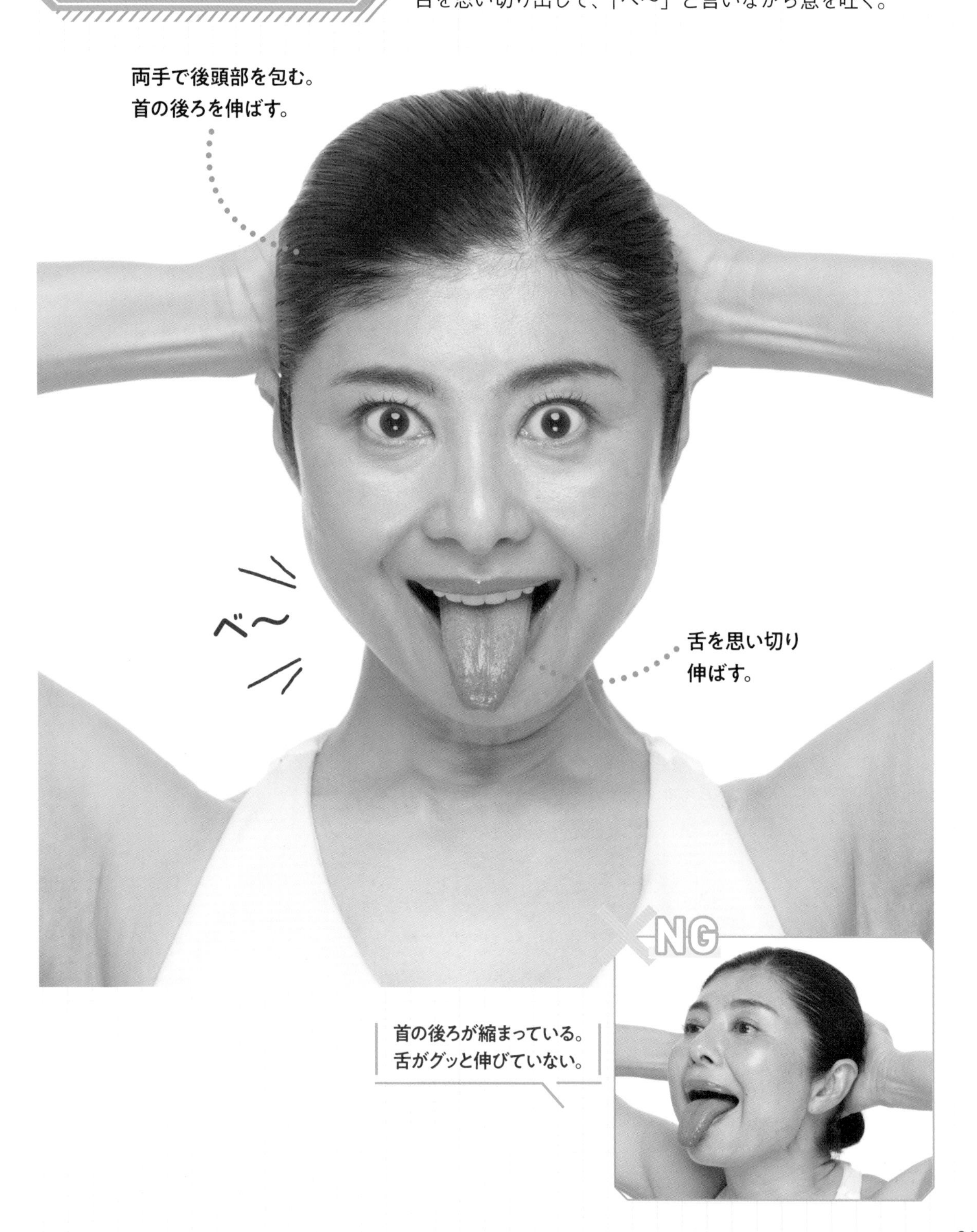

# コアフェイス・ポジションチェック

最後に鏡を見ながら、手を使わずに行ってみましょう。
目と鼻の位置を変えずに顔を動かせられたらOK！

## 1 シュ〜

おへその下から空気を引き絞る
イメージで、「シュ〜」と息を吐く。

## 2 ホ〜

鼻の下を伸ばしながら「ホ〜」と
言いながら息を吐く。

## 3 ワー

目を見開き、頬を持ち上げて
「ワー」と言う。

## 4 べ〜

首の後ろを伸ばして、舌を「べ〜」
と思い切り出す。

教えて間々田先生！

# 顔筋トレQ&A

顔筋トレをしよう！と思ったときに気になるアレコレ。
間々田先生にズバリ聞いてみました！

## Q なぜ「手」を使うの？

### A 手を使うことで、自分の体に意識を向けられるから。

顔筋トレでは、手で頭を押さえたり顔を触ったりするメニューがあります。その理由は2つあります。1つは、触れることで筋肉に意識を向けるため。もう1つは顔の筋肉を動かすサポートにするためです。動きが悪いパーツに対しては指で誘導したり、ムダに使っている筋肉に対しては動かないように固定し、新しいクセづけを顔に覚えさせることが大事なのです。動かすべき筋肉がわかり、使い方を明確にすることで、よりよい変化が期待できます。

働きかけたい筋肉の場所がわかると、自分が今トレーニングしている筋肉への意識も定まります。

## Q なぜ姿勢を整えるの？

### A 体が歪んでいると、顔も歪むから！

現代人は顔も体も心もどこかに緊張があります。「あ！」と思うと体がこわばりませんか？　この緊張が顔の歪みやたるみの原因になります。

表情筋を動かすためには、まずあらゆる緊張をとることが大切です。しかし、力を抜くといっても、背中が丸まってあごが突き出ているような姿勢は間違い！

椅子に座るときに骨盤を立てて背中、首、頭蓋骨の1つ1つの骨を積み上げる意識で、軸を整えて。ムダなく顔を鍛えることができるようになります！

## Q いつやればいい？

### A やろうと思ったら いつでも！

顔筋トレはトイレで座ったときや髪を洗うときなど、いつでもどこでも、やろうと思ったタイミングで取り入れてください。

また、朝晩2回のスキンケアのタイミングで行うのも習慣づけしやすいのでおすすめです。特に朝は、顔の動きをよくし、血行を促進させることで表情を作りやすくします。そして、脳も活性化させ、1日を前向きにスタートするきっかけとなります。夜は1日の表情グセや疲れをリセットするのに◎。顔筋トレは継続することで効果が見えやすくなるので、ぜひ続けてみてください。

## 顔筋トレするとシワができるんじゃ…？

### A まんべんなく筋肉を動かすことがシワを作らないコツ！

おでこの横ジワや目尻の笑いジワなどの表情グセは、眉を上げて目を開けていたり、口角を横に引いて笑ったりするなど、使いやすい筋肉ばかりを使っていて、その筋肉が「マッチョ」になっているから！ いつも同じ筋肉を使っていれば、表情筋も肥大し硬くなって弾力性が衰えます。本当に使える筋肉は、アスリートのようにスマート。顔筋トレで顔の筋肉をバランスよくしっかり動かして、さまざまな表情を作れる弾力性を取り戻せば、すでにできてしまったシワもだんだんと薄くなります！

# 本書の使い方

本書は１週間ごとに目的を定めて、
顔のさまざまな筋肉を鍛えるトレーニングを積み重ね、
理想の自分の顔を作るプログラムを紹介しています。
メニューの目的や力の入れどころ、抜きどころ、
行うタイミングなどを確認して、
効果的にトレーニングを楽しみましょう。

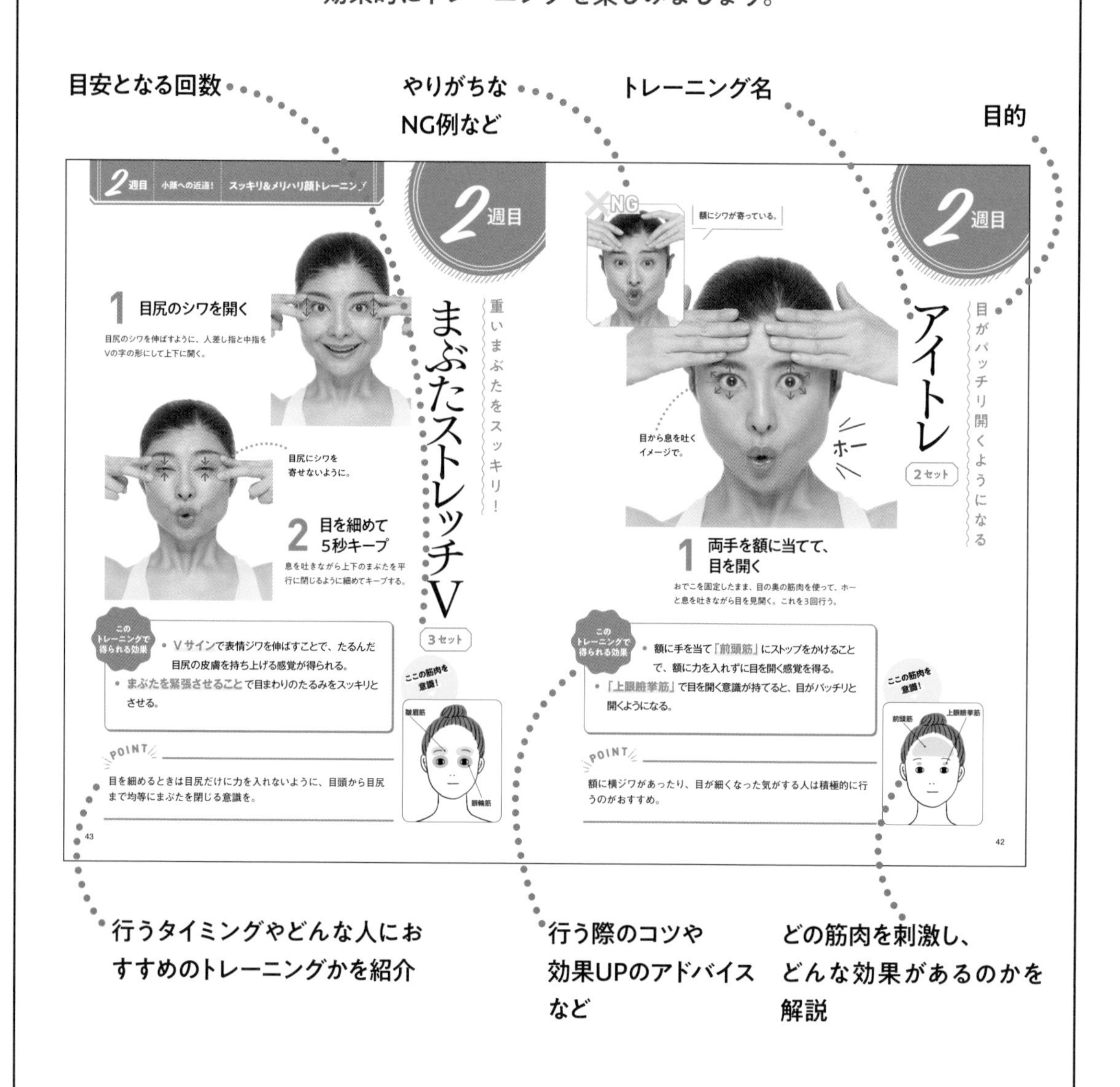

表情筋を動かす!

# 意識づけのトレーニングプログラム

各トレーニングの右下にある「ここの筋肉を意識！」で、
力の入れどころ（ピンク部分の筋肉）と
抜きどころ（水色部分の筋肉）を確認しながら、
トレーニングしてください。
まずは、ねらった表情筋を意識的に動かせるようになりましょう！

1週目

# 眉リセット

眉間&眉の緊張をほぐす

3~5セット

## 1 眉頭をつまんで深呼吸する

目を閉じて眉頭をつまみ、軽く揺らしながら深呼吸する。

## 2 眉尻をつまんで深呼吸する

眉頭から眉尻まで指を移動させながら、呼吸をする。

このトレーニングで得られる効果

- 眉を動かす「皺眉筋」をやさしく刺激し、眉の緊張をほぐす。
- 眉間のシワの改善に。

ここの筋肉を意識!

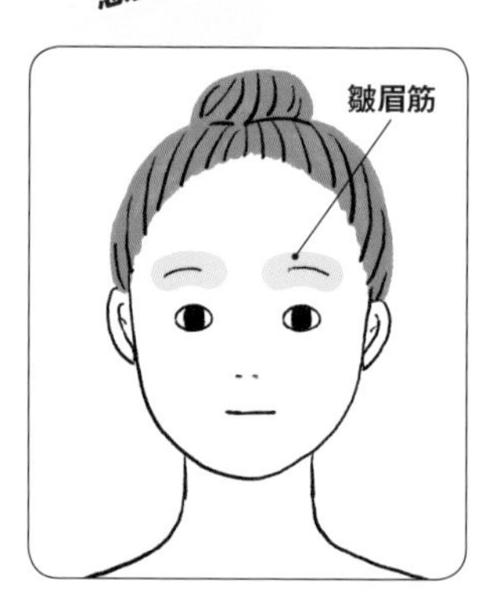


POINT

眉をしかめる表情グセがある人は、「ムッ」と思ったときに深呼吸とともに行うのがおすすめ。

1週目

額をリラックスさせる

# 前頭筋リセット

3〜5セット

## 1 額の生え際に指を当てる

目を閉じて、額の生え際に指先を当てる。

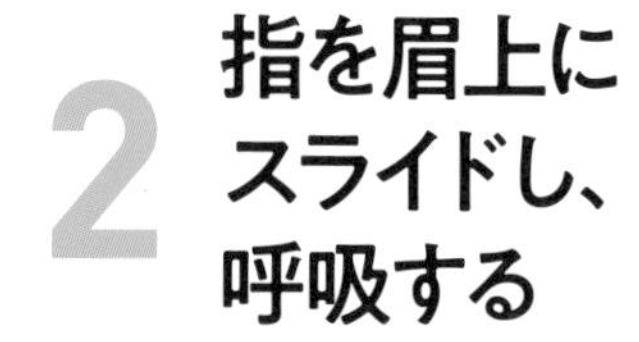

## 2 指を眉上にスライドし、呼吸する

額の横シワを伸ばすイメージで眉上に指を下ろし、深く呼吸する。最後に目を開く。

**このトレーニングで得られる効果**

- 髪の生え際付近から、眉上まで額全体を幅広くぴったりとおおう「前頭筋」は眉毛や額を動かしてシワを作る。息を吐き出すとともに、筋肉をゆるめることでリラックスできる。
- 額のシワの改善に。

ここの筋肉を意識！

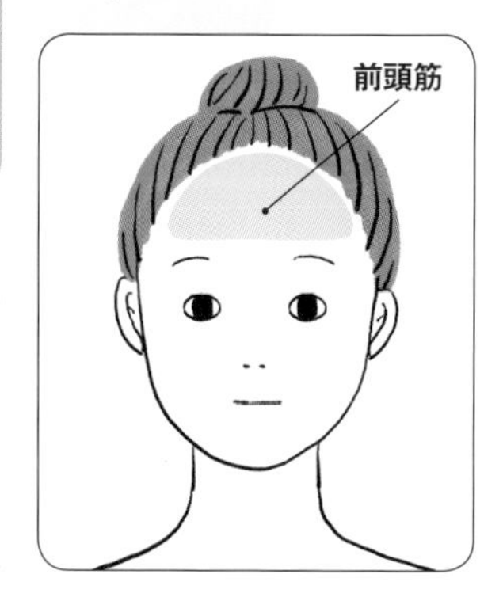


**POINT**

目を見開こうとすると前頭筋を使いがち。夜寝る前などに行うと、顔の緊張が解けてリラックスできます。

# 頬のVトレ

垂れた頬を引き上げる

3~5セット

## 1 頬を上げて笑い、指で持ち上げる

上の歯8本を見せて笑う。親指と人差し指で
頬全体を持ち上げるようにしてサポートする。

ここの筋肉を意識！

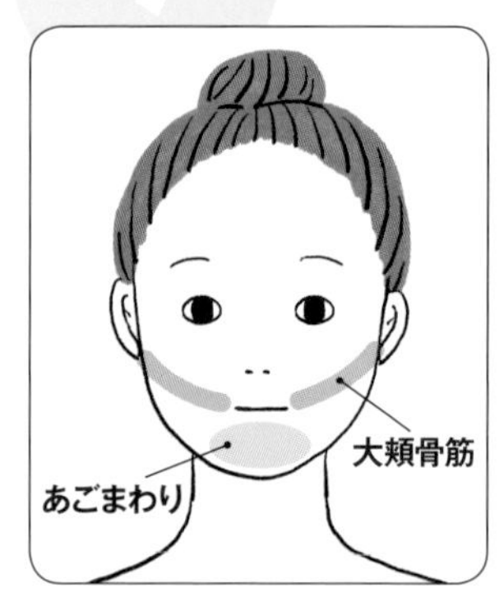


**このトレーニングで得られる効果**

- 口角を上げる「大頬骨筋」で頬を持ち上げる感覚を覚えさせる。
- 目をパッチリと開けて、指で支えている「V」の範囲で頬の脂肪をおさめる意識をもつ。

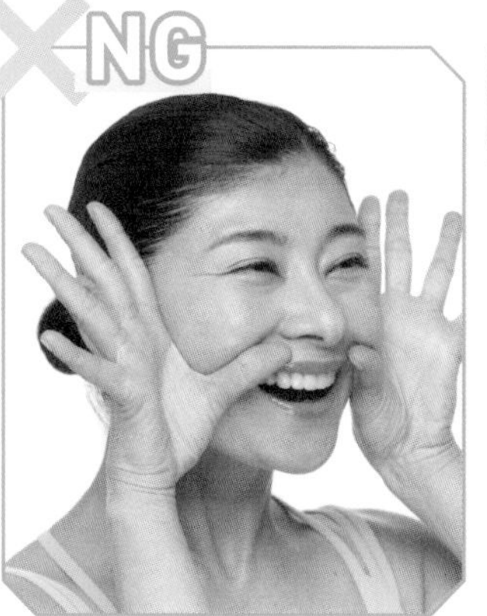

## 2 手を外して 5～10 秒キープ

手を外し、頬を上げたままキープする。

POINT

目のまわりの眼輪筋が弱っていると、大頬骨筋によって持ち上げられた頬のお肉に押し上げられて目尻や下まぶたにシワができてしまいます。目まわりにシワができないようにしっかり目を開けて行いましょう。

1週目

口まわりのたるみ解消

# ウートレスライド

2セット

## 1 口をとがらせ、横に指を当てる

口を「ウー」の形にとがらせ、人差し指を右の口角に軽く当てる。

## 2 頬を伸ばす

指で口角を押しながら、口を右に寄せて、右の頬を伸ばす。

ここの筋肉を意識！

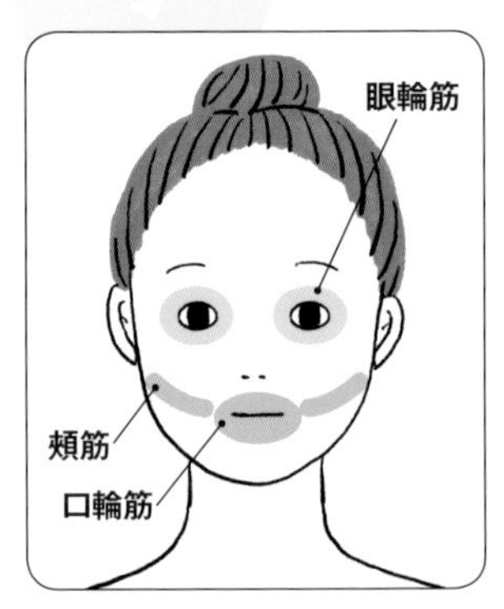


**このトレーニングで得られる効果**

- **「口輪筋」**を使って、しっかり口をすぼめたまま左右にスライドさせることで、頬の筋肉が鍛えられ、あごまわりがスッキリする。
- **口角に指を当てる**ことで、左右の頬筋がしっかり使えるようになる。

✕NG

口がゆるんでいる。

## 3 指を外して 5～10 秒キープ

指を外してキープする。

## 4 反対側も同様に

反対側も同様に行う。

**POINT**

しもぶくれ顔など、頬骨から下の顔のラインがたるんでいるのが気になる人は１日２～３回行いましょう。
また、唇をスライドさせるのが難しい人は、唇を閉じたままとがらせるだけでもOK。

1週目

# 舌筋プッシュアップ&ダウン

二重あごをスッキリさせる

2セット

## 1 首を長く伸ばす

あご下と首の境目を人差し指でなぞり、フェイスラインを明確にする。あごを引いて首の後ろを長く伸ばす。

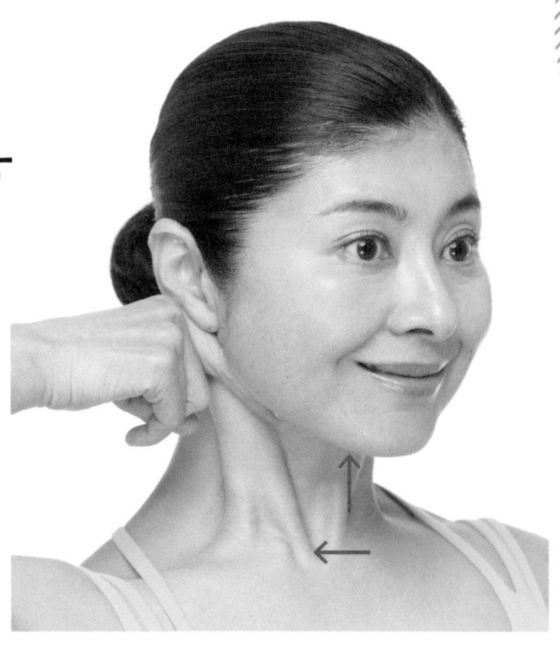

## 2 舌を上あごにつけて5~10秒キープ

舌全体を上あごにしっかりつけて、首の前面を緊張させる。

ここの筋肉を意識!

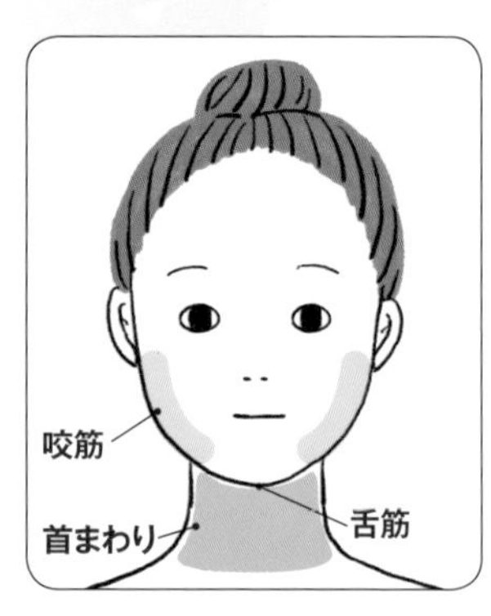


このトレーニングで得られる効果

- 「舌筋」と、首まわりの「広頚筋」「胸鎖乳突筋」を鍛えて、たるんだあご下を引き締める。
- 首の皮膚が引き締まるので、横ジワの改善も。

NG

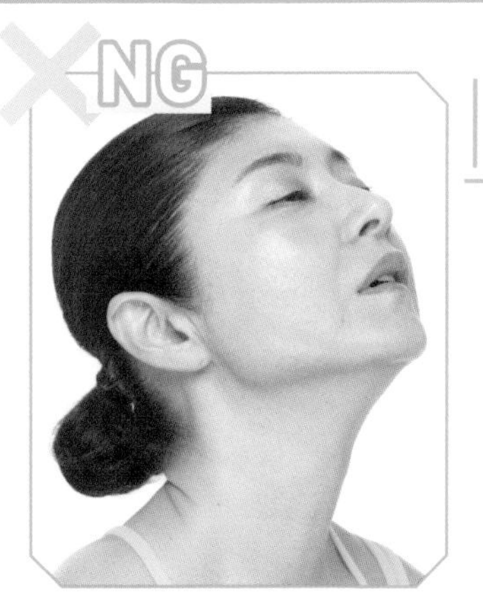

舌が上あごから離れ、首がゆるんでいる。

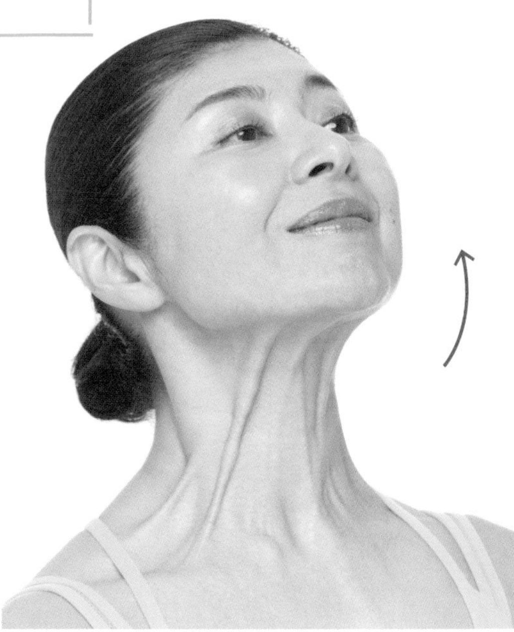

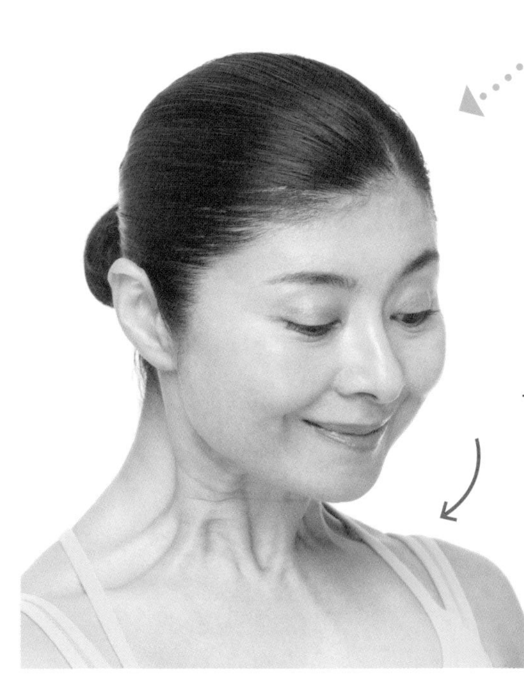

## 3 首を引き締めながら、あごの上げ下げを10～20回行う

上あごに舌を押し当てたまま、あごを上げ下げする。

POINT

気づいたときにいつでもできるトレーニング。フェイスラインをスッキリさせたい人にもおすすめ。

今週の
リラックスメニュー

顔・体・心の緊張を解く

# ストレスクリア

肩甲骨を開く。

疲れやストレスを吐き出すイメージで。目を閉じて口をすぼめ、おへその下からシューッと息を吐く。

おへその下をへこませる。

## 1 手を前に伸ばし、背中をストレッチ

両足の間を拳1つ分あけて椅子に座る。両手を前に伸ばし背中を開いて、ストレッチする。背中を丸めるようにして骨盤を後ろに倒す。

このトレーニングで得られる効果

- 背中を丸めて伸ばした後に、腹筋を引き上げて胸筋を開くことで、**全身のストレッチ**ができて体から緊張が解ける。
- 顔を上げるときに**肩甲骨を寄せること**で、首に余計な負荷をかけずに支えられる。
- 体が緊張していると、表情も心もネガティブになりがち。笑顔を作り、顔を上げると気持ちも**前向き**に！

## 2 肘を引き、胸を引き上げる

顔は斜め上に向けて肘を引き、肩甲骨を寄せる。胸の前を開きストレッチする。1～2 を3～5回繰り返す。

**POINT**

気分転換したいとき、緊張をゆるめたいときにおすすめ。全身のストレッチをすることで体からすべての緊張を解きましょう。まめに行って、ストレスをためないようにして。

Column 1

# 油断しているときの顔が普段の自分！

ぼ〜っとしているとき、ふと目にした自分の顔にびっくりしたことはありませんか？　鏡で見ている自分の顔は、無意識に「キメ顔」をしているんです。

普段の顔とは油断しているときの無防備な顔のこと。キメようとしていない「脱力顔」こそが、ヒトから見られている自分の顔なのです。他撮りの写真に自信がない人、写真写りがよくないと思っている人は、普段「現実の自分」から目をそらしている証拠かもしれません。

このときの脱力顔と「勝負用の笑顔」は、ぜひ自分のスマホの画像フォルダに残しておいて。顔筋トレを始める前と後、３日後、１週間後、１か月後の自分と比較して、顔筋トレでどのように自分の顔が変わっていくのか記録しておくと、自分の成長が目に見えて感じられますよ。

また、実は顔筋トレをする上で鏡を見る習慣はとても大事。とくにはじめのうちは、自分の顔の左右差や上げ下げしやすい側などを鏡で確認しながら、表情筋を均等に動かして整える意識をもって行いましょう。

小顔への近道！

# スッキリ&メリハリ顔トレーニングプログラム

顔には正面だけでなく、後ろと側面もあることを意識して
顔の筋肉を動かしていくプログラムです。
頬が持ち上がった立体的な顔に、
パッチリとした瞳とふっくらとした唇を手に入れましょう。
スッキリ引き締まったフェイスラインはもちろん、
メリハリのある顔立ちは小顔効果大です！

# 目がパッチリ開くようになる アイトレ

2セット

## 1 両手を額に当てて、目を開く

おでこを固定したまま、目の奥の筋肉を使って、ホーと息を吐きながら目を見開く。これを3回行う。

**このトレーニングで得られる効果**

- 額に手を当て「前頭筋」にストップをかけることで、額に力を入れずに目を開く感覚を得る。
- 「上眼瞼挙筋」で目を開く意識が持てると、目がパッチリと開くようになる。

ここの筋肉を意識!

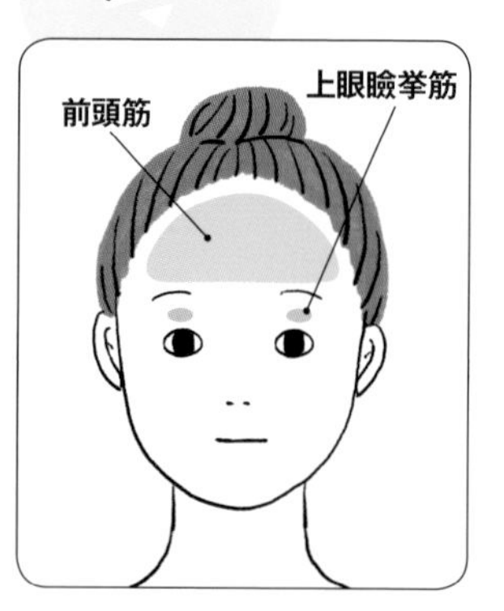


**POINT**

額に横ジワがあったり、目が細くなった気がする人は積極的に行うのがおすすめ。

2週目

重いまぶたをスッキリ!

# まぶたストレッチV

3セット

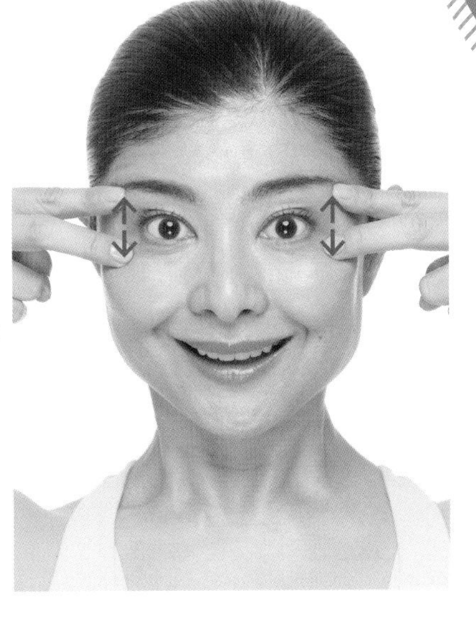

## 1 目尻のシワを開く

目尻のシワを伸ばすように、人差し指と中指をVの字の形にして上下に開く。

目尻にシワを寄せないように。

## 2 目を細めて5秒キープ

息を吐きながら上下のまぶたを平行に閉じるように細めてキープする。

**このトレーニングで得られる効果**

- **Vサイン**で表情ジワを伸ばすことで、たるんだ目尻の皮膚を持ち上げる感覚が得られる。
- **まぶたを緊張させること**で目まわりのたるみをスッキリとさせる。

**POINT**

目を細めるときは目尻だけに力を入れないように、目頭から目尻まで均等にまぶたを閉じる意識を。

ここの筋肉を意識!

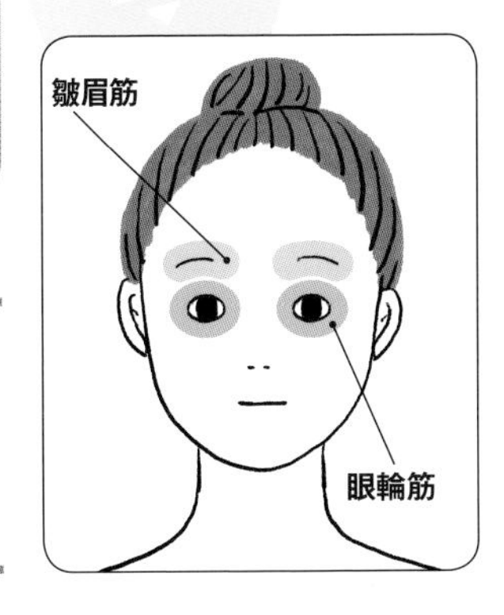

顔の横幅を細くし、立体的にする

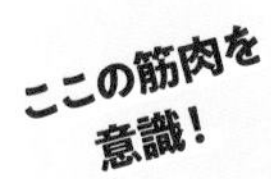


## 1 笑顔を作る

思い切り頬を上げてにっこりと笑う。

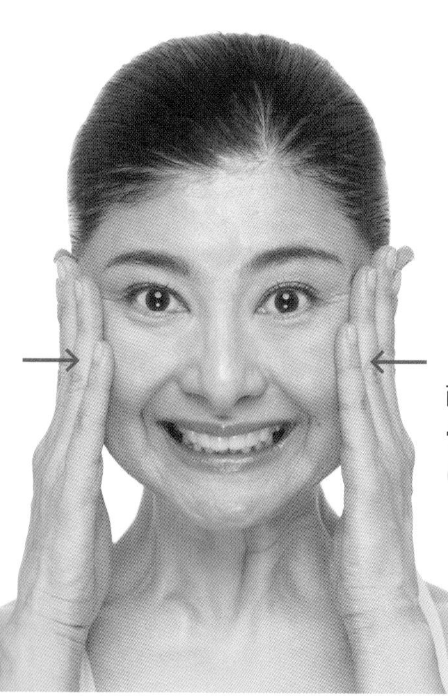

## 2 頬を横から押す

両手を顔の横に当て、ぐっと押す。骨格から出ているムダなお肉を内側に寄せる。

ここの筋肉を意識！

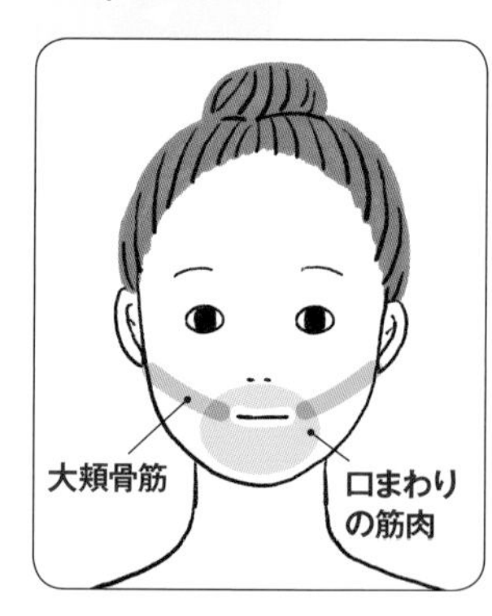


**このトレーニングで得られる効果**

- **骨格**に触れて意識することで、**自分の顔の本当の大きさ**がわかるようになる。
- 頬の使い方を変えるだけで**メリハリのある小顔**に。

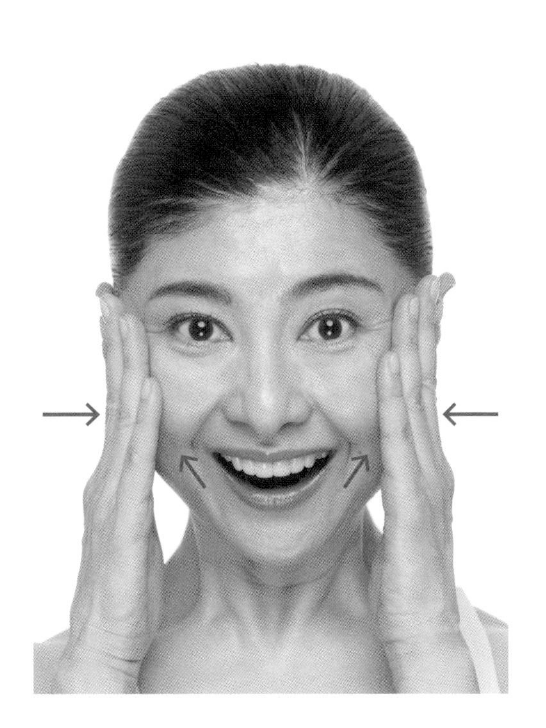

## 3 頬を上げ、あごの力を抜く

首の後ろを伸ばし、あごの力を抜いて大頬骨筋を使って頬を持ち上げ、5秒キープする。

## 4 手を外し、5秒キープ

手を外し、そのままの状態をキープする。

**POINT**

写真 1 のようにあごが前に出ていたり、笑うと顔が大きく広がる感じをもっている人は、鏡を見たときに必ずやるのがおすすめ。

2週目

# 唇プッシュ

3セット

## 1 あごの力を抜く

口をゆるませる。指先であごをゆらし、
ムダな力を抜く。

**このトレーニングで得られる効果**

- 口まわりの「**口輪筋**」ではなく頬を押し込む「**頬筋**」を使って、唇の内側を外に出すことで、唇がボリュームアップする。
- 唇がふっくら盛り上がることで鼻の下が縮まり、**中顔面が短く**見えるようになる。

ここの筋肉を意識！

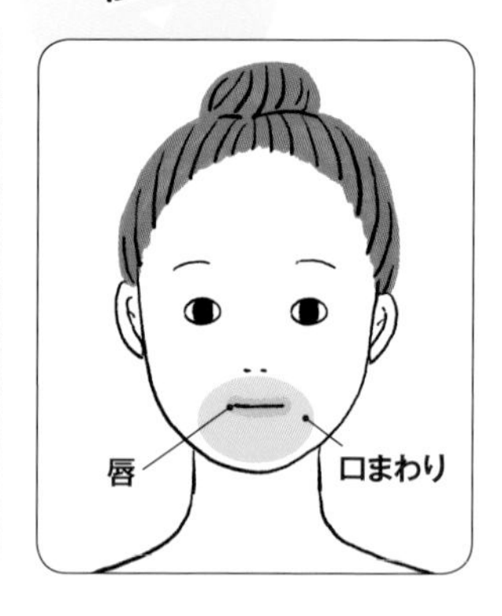

## 2 唇の内側を外に出し、5秒キープ

人差し指と中指をVの字に開き、口に当てる。口のまわりが緊張しないように確認しながら、唇を内側から外に出すように力を入れる。

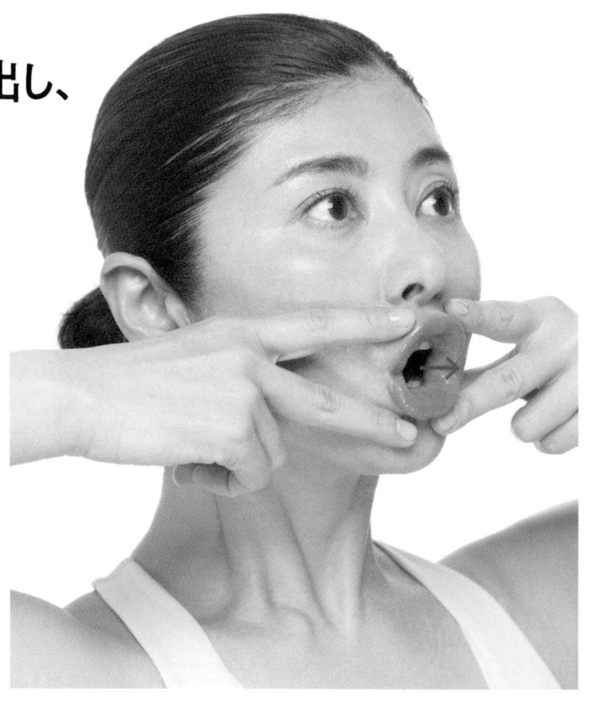

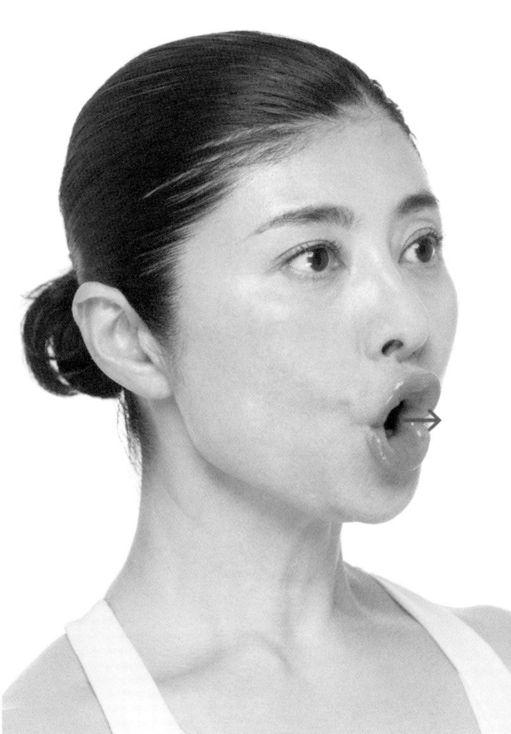

## 3 そのままの状態で5~10秒キープ

指を外して、唇を外側に開く意識でキープする。

NG

口のまわりの筋肉だけを使っている。

POINT

唇が薄くなったと感じる人、面長感が気になる人におすすめ。

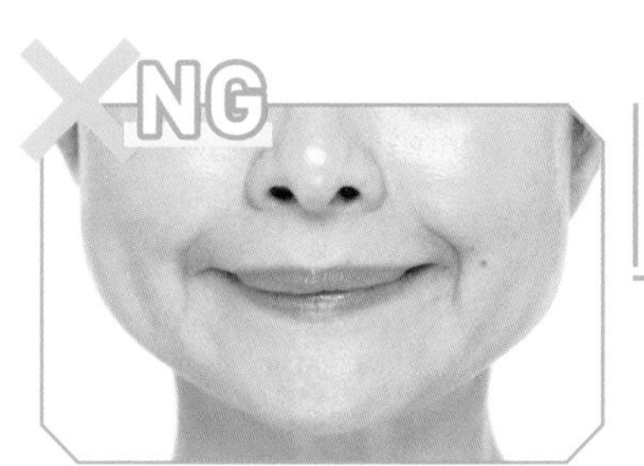


口角を横に引くクセがあると、マリオネットライン（口角の下の縦ジワ）ができてしまう。

# マリオネットラインを改善する あごリセット

2セット

## 1 あごをつまむ

笑顔を作り、あご（口角の下）に親指と人差し指の指先を当てて軽くつまむ。

ここの筋肉を意識！

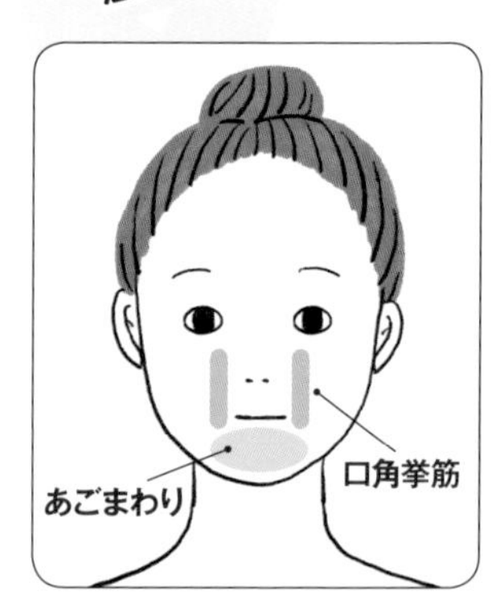


**このトレーニングで得られる効果**

- あごまわりの過緊張をとって口角を上げる「口角挙筋」を鍛えることで、「口角下制筋」の発達によってできることが多い「マリオネットライン」を改善する。

## 2 口角を上に 5回引き上げる

あごの力を抜いて口角を上げ下げする。

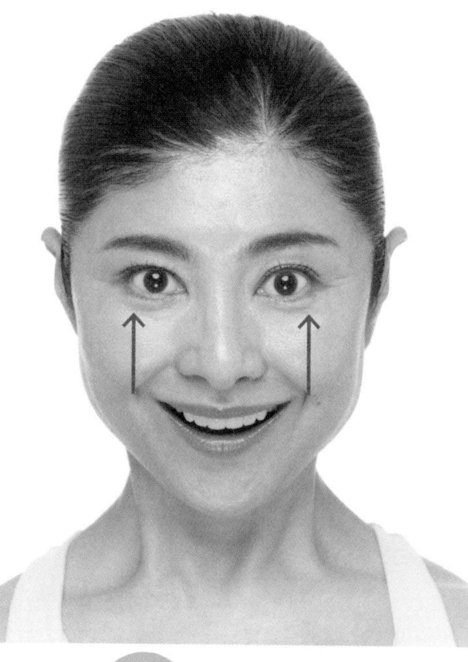

## 3 そのまま 5秒キープ

口角を上げた状態で指を外して、キープする。

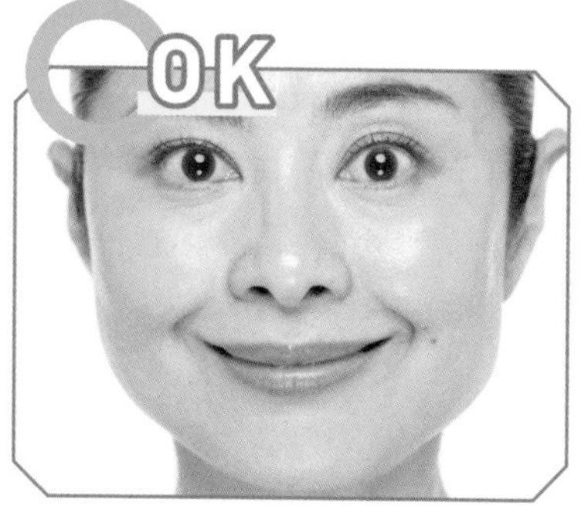


頬と口角が上がっている。

POINT

いつもへの字口になっている人や、写真 1 のようにあごに力を入れて笑っている人におすすめ。

2 週目

# 頬ケアプッシュ

疲れ顔を改善してスッキリ

## 1 頬骨を押しながら「ホクホク」

頬骨の下に親指を押し当て、顔全体を動かしながら「ホクホク」と言う。

下から指を押し当てる。

**このトレーニングで得られる効果**

- **頬骨の下にあるリンパ**を親指で刺激しながら、顔を動かすことでむくみを解消。
- 押したときに痛みを感じたり、指が入りにくいところは、特に**リンパが滞っている**のでスッキリするまで繰り返し行う。

## 2 頬骨に沿って指を動かしながら繰り返す

指の位置を頬骨に沿ってずらし、「ホクホク」と言いながら指で押す。

POINT

顔がむくんでいるときや顔に疲れがたまっているときなど、スキンケアをしながらまめに行いましょう。

Column 2

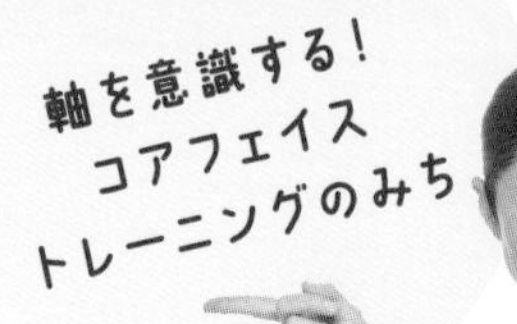


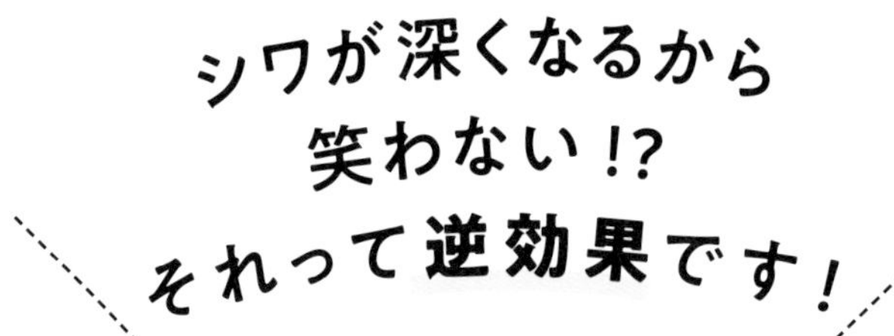


笑うとシワができると言って、表情を動かさないでいると、間違いなく顔はたるみます！

顔がたるんで大きく見える人、薄くのっぺりと凹凸がない人は、普段あまり顔の筋肉を使っていません。体の筋力が低下すると体のラインが崩れたり、たるんだりしていくように、表情筋も衰えれば顔がたるんだり、表情も乏しくなります。若々しい人は姿勢がよかったり、表情が豊かだったりしませんか？

顔には顎関節以外の関節はありません。顔を作っているのは筋肉と皮膚です。つまり、顔のメリハリは意識して表情筋を使っていなければ生まれないのです。

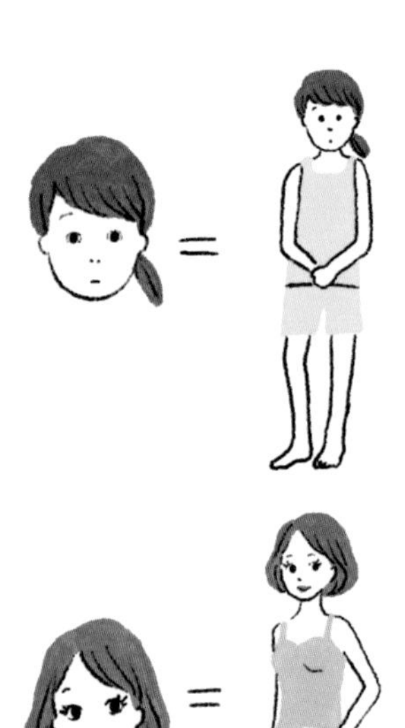

表情のない小顔では、ただ細いだけの体と同じ。むくんだ顔はたるんだ体に等しいもの。顔筋トレにおける「美しいプロポーション」とは、メリハリのある立体的な顔立ちのことです。エラが張っていても、頬が立体的で目がパッチリしているオードリー・ヘプバーンのような顔立ちならば大きい顔とは思いませんよね？

骨格そのものは変えられなくても、その上にのっている筋肉は自分の努力「顔筋トレ」で変えられます！

顔のコンプレックスに効く！

# 攻めの<br>トレーニングプログラム

頬がこけてゴルゴ線ができたり、
唇が薄くなったり、ガミースマイルになってきたり…。
加齢とともに肌だけでなく、筋肉も衰えます。
表情グセによってシワやたるみが現れる場合も…。
ここでは、筋肉の動きをよくし、鍛えて肌の内側からグッと持ち上げ、
ハリを取り戻すトレーニングを中心に行います。
なくしたい顔の線や悩みに合わせて、
トレーニングを重ねましょう。

# 下まぶたピクトレ

血行をよくしてクマを改善

## 1 下まぶたにふれる

下まぶたの微妙な動きを確認するために軽く人差し指でふれる。

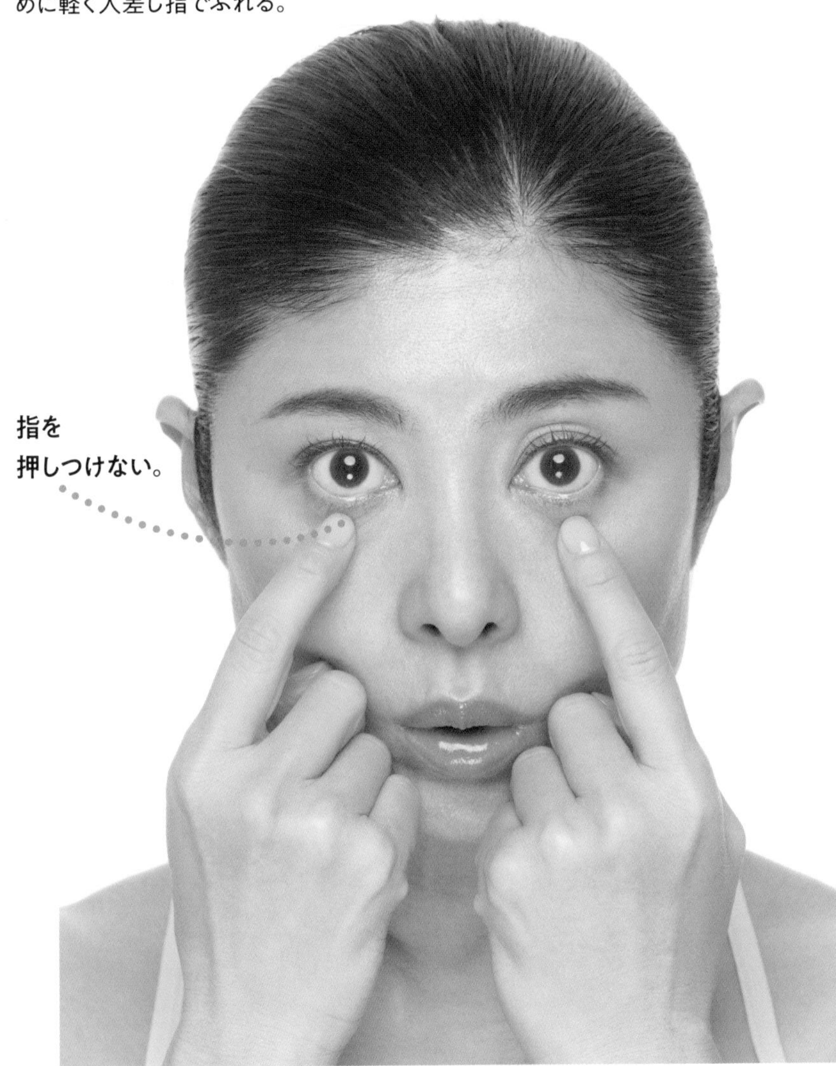


ここの筋肉を意識！

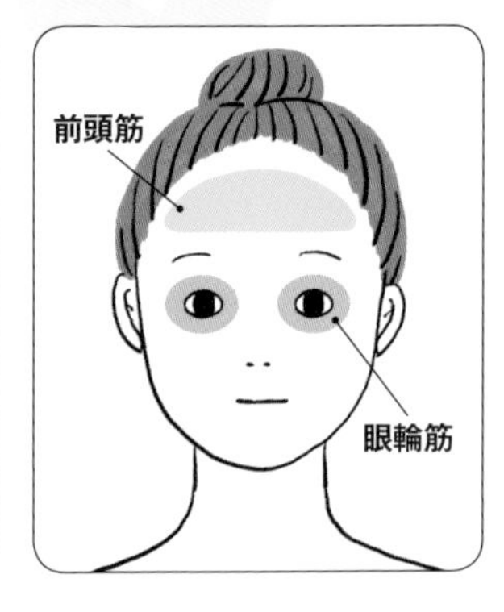


このトレーニングで得られる効果

- なかなか使わない下まぶた側の「眼輪筋」を鍛えることで、落ちくぼんだ目の下にハリを取り戻す。
- 目尻が下がってきた、目が垂れてきたと感じる人は、このトレーニングを行うことで下まぶたを鍛えることができ、目の下のシワ、たるみも改善できる。

# 2 下まぶたを10回上げ下げする

上まぶたを動かさずに、下まぶたのみ上げ下げする。まぶしいもの見るように行う。

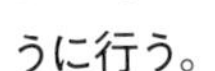

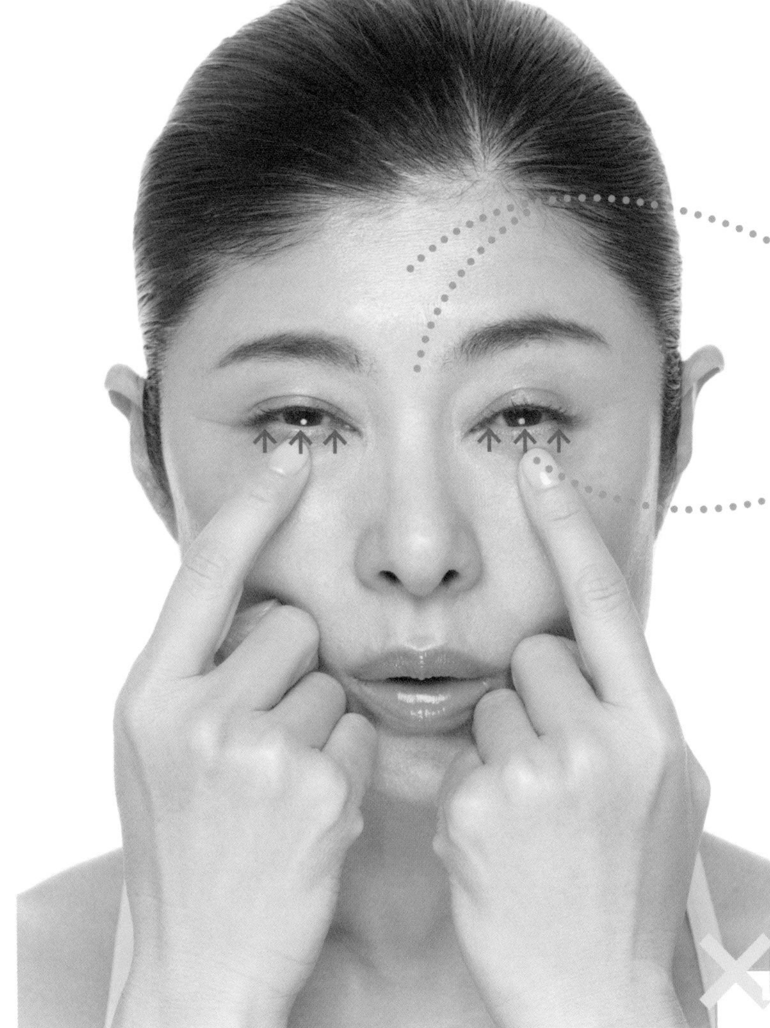

額、眉間に
シワが入らないように。

ピクピクと下まぶたが
動くのを指先で感じる。

NG

目の下を
モリモリ動かす。

POINT

下まぶたを引き上げる感覚がわからない場合は、鏡で確認しながらゆっくり行いましょう。スムーズに動かせるようになったら回数を増やすのもおすすめ。

3週目

# 頬サークル

「ゴルゴ線」を薄くする

3セット

## 1 唇をすぼめる

頬を使いながら唇をしっかりすぼめる。

## 2 頬を伸ばす

鼻の下を伸ばして、下まぶたから口まで、頬全体を伸ばす。

ここの筋肉を意識！

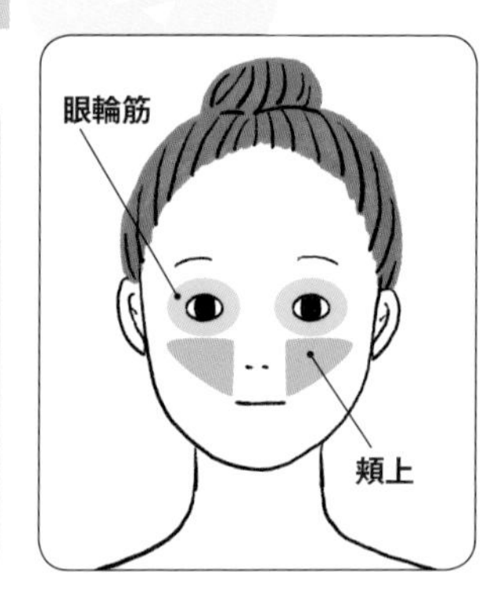


このトレーニングで得られる効果

- 普段動かすことのない方向にも頬を動かすことで筋肉が鍛えられ、頬にハリが出る。
- たるみがとれ、「ゴルゴ線」、ほうれい線も薄くなる。
- 頬の位置が上がり、顔が立体的になる。

## 3 頬を外側に開く

ほうれい線を伸ばしながら、頬を外側に開く。

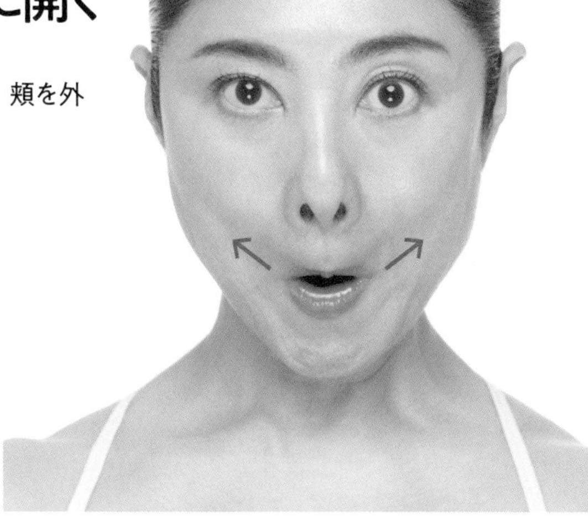

## 4 頬を上に動かす

そのまま円を描くように、頬を上に動かす。1～4を5回ほど繰り返す。

顔を動かすことが少なかった日などに、意識して行うことで頬が上がり、血行もよくなります。

口まわりの緊張を解く

# 鼻ロック口角レイズ

3セット

**こんなときに**

ガミースマイル

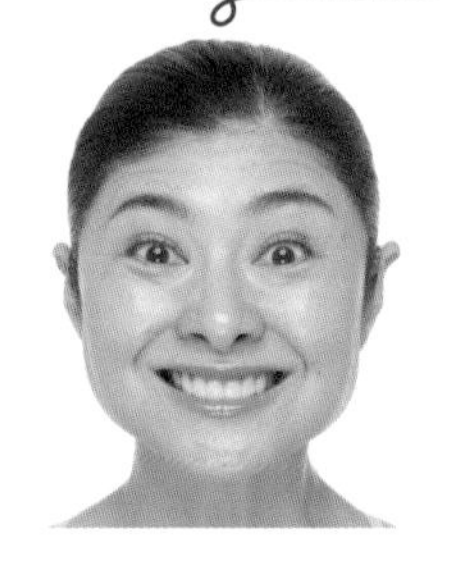

笑うときに、歯茎が出たり小鼻が横に大きく広がってしまうクセがある人は、鼻まわりの筋肉を口と連動させて使っている傾向が。
頬を持ち上げる筋肉だけを使えるようになると、ガミースマイルや小鼻の広がりといったクセも解消できます。

## 1 鼻の脇を指で押さえる

小鼻が開かないように人差し指で押さえる。

ここの筋肉を意識！

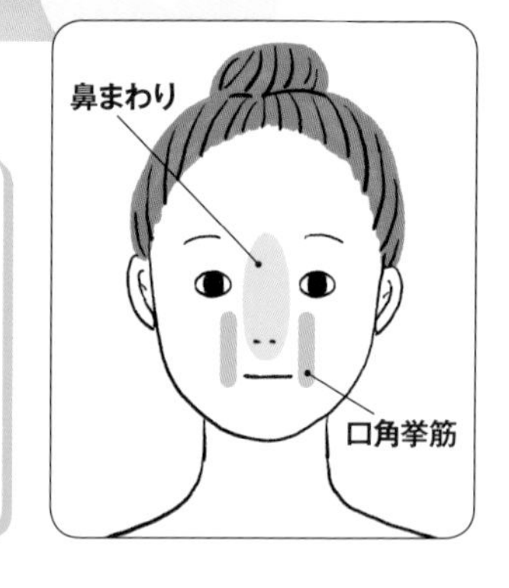


**このトレーニングで得られる効果**

- 小鼻と口まわりの連動を外すことで、上唇をめくり上げて笑うクセ「ガミースマイル」が抑制される。
- 小鼻の広がりが抑えられることで小顔効果が期待できる。

## 2 口角を上げて5秒キープ

指で押さえたところが動かないようにして、口角を上げて5秒キープする。

## 3 指を外して、5 秒キープ

指を外して、口角を上げたまま5秒キープする。

POINT

このトレーニングで鼻まわり、口まわりの筋肉に力を入れず、左右の口角を均等に上げるクセをつけましょう。

# 対角線ストレッチ

ぼやけたフェイスラインを引き締める

1セット

## 1 あご下を引き締める

あごを引いて首を伸ばし、姿勢を整える。

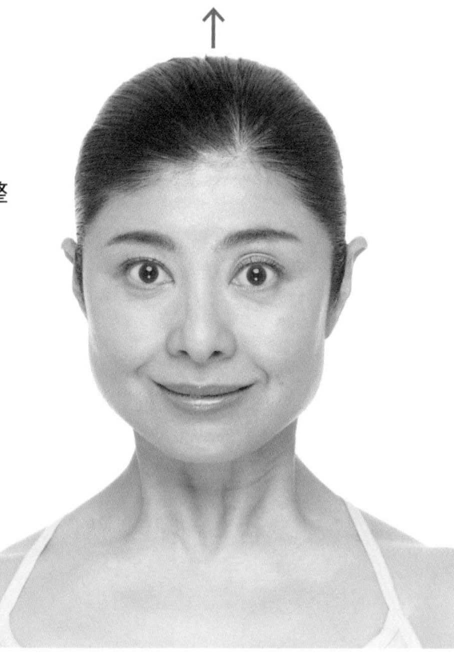


両腕は下におろす。

## 2 顔を斜め下に向ける

顔を横に45度向け、あごと目線を下げる。このとき肩が前に出ないように注意。

ここの筋肉を意識！

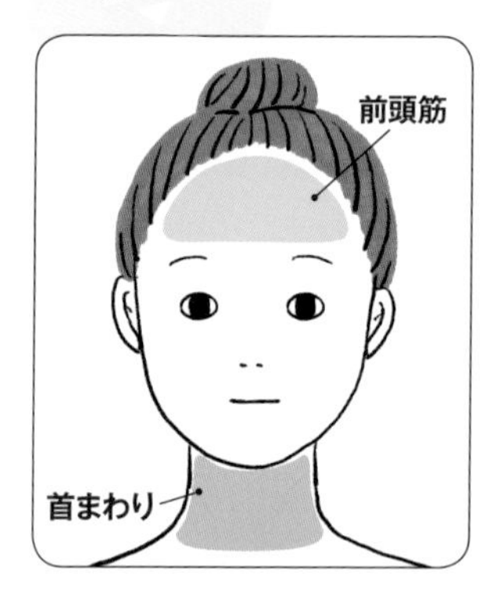


**このトレーニングで得られる効果**

- 首の筋肉を引き締めたまま、「胸鎖乳突筋」、「広頸筋」をストレッチして「舌筋」を鍛えることで、あご下から首のラインを整える。
- 首を強化することで頭を楽に支えられるようになり、首まわりがスッキリする。

## 3 舌を三角にとがらせて伸ばす

鼻から息を吸い、吐くと同時に舌を思いきり出す。呼吸に合わせて3～5回繰り返す。反対側も同様に行う。

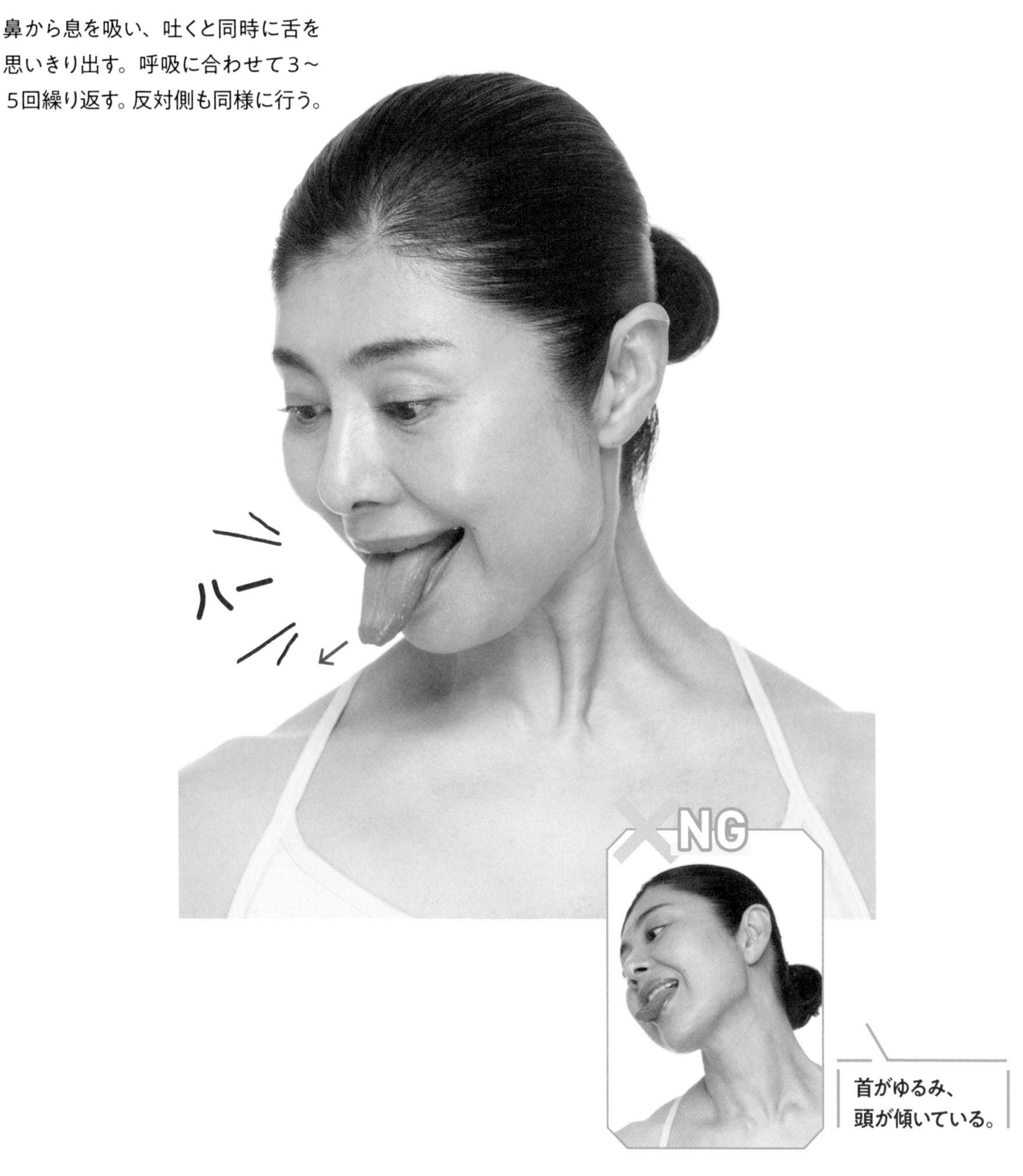


首がゆるみ、頭が傾いている。

行うタイミング

顔がむくみやすい人におすすめ。舌筋を使うことで耳から首のリンパの滞りが改善され、輪郭がスッキリします。

今週の
リラックスメニュー

あごまわりの緊張をゆるめる

# ウーパールーパーストレッチ

## 1 あごの骨をつまみながら、「ウー」と言う

あごの骨を親指と人差し指でつまむ。唇を突き出しながら「ウー」と言う。

このトレーニングで得られる効果

- こり固まったあごの筋肉をほぐし、なめらかなあごのラインにする。
- 滞ったリンパの流れを改善し、むくみをとる。

## 2 続けて「パー、ルー、パー」と一言ずつ言う

大げさに顔を動かしながら、「パー、ルー、パー」と言う。

## 3 少しずつ指をずらしながら行う

少しずつつまんでいる位置を移動させながら、エラの外側まで同様に「ウー、パー、ルー、パー」と行う。コリを感じるところは念入りに。

行うタイミング

エラが気になる人や顔がむくんでいる人は、多めに行うと○。

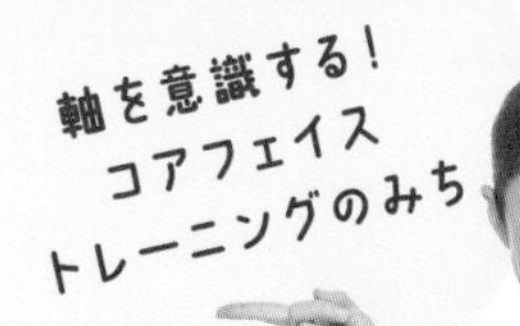


Column 3

# この人と話したい！ 話してみたい！と思われる 高印象顔を作ろう

怖そうに見られたり、やる気がなさそうに見られたり、という悩みで相談を受けることもあります。そんな人たちは、コアフェイストレーニングで自分の顔の使い方がわかると、「自分の魅せ方」に自信が持てるようになります。人に好かれる顔とはどんな顔でしょうか？　いつもへらへら笑っているばかりだと、「いい人だけど…」というように見られたりしませんか？　何となくいい人に見られる（好印象顔）だけではなく、ここぞ！というときには、やはりキリリとしまった「高印象顔」も必要です。顔の筋肉を鍛えて自分でコントロールして表情が作れるようになると、普段の真顔のときでも、凛々しい印象にも穏やかな印象にも自分の思い通りにスッと顔が整います。

特に自分の表情に自信がない人は、笑顔だけでなく、シーンやそのときの雰囲気に応じて、表情をいろいろ作るところから始めてみましょう。慣れて動きがスムーズになってくると、その自信があなたを輝かせてくれます！

TPO顔を手に入れる!

# 仕上げの トレーニングプログラム

1～3週目のトレーニングで顔の表情筋が動かせるようになったら、
最後は表情筋をデザインするために必要なトレーニングを紹介します。
「見た目印象をよくする」とは、最高の笑顔を
作ることだけがすべてではありません。
その場のシーンに応じてTPOに合った表情作りを心がけてこそ、
魅力的な自分像が手に入りますよ！

4週目

顔の左右バランスを整える

# 側頭筋リセットアップ

2セット

## 1 頭皮をゆるめる

手を軽く握り、顔の側頭部をクルクル優しくほぐす。

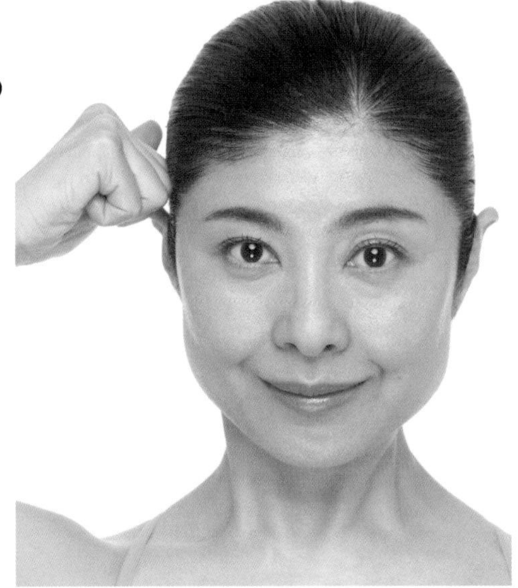

## 2 手を目尻に当てる

手のひらを目尻に当てる。口を「オー」の形にして鼻の下を伸ばす。

ここの筋肉を意識！

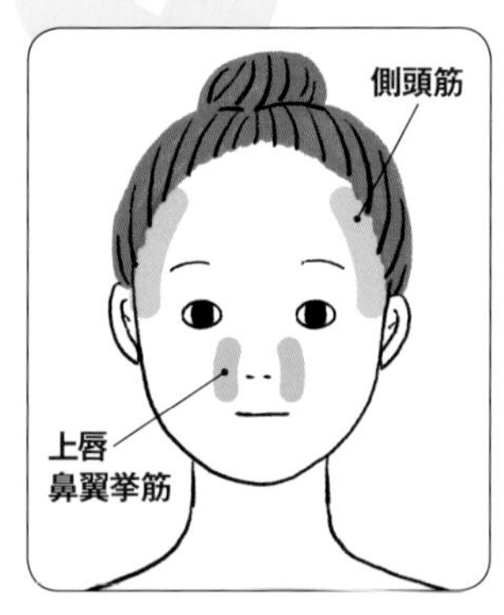


このトレーニングで得られる効果

- 一瞬で顔が引き上がる。左右差がある場合は下がっている方を多めに行うことで顔のバランスが整い、見た目印象がアップ！

## 3 手を上に スライドさせる

目尻と鼻の下を引っ張り合う意識で、手のひらを上にスライドさせる。反対側も同様に行う。

NG

顔をしっかり立てないと筋肉が上がる意識を持てない。

POINT

左右の顔のバランス崩れは性格に裏表がある印象に。大事な写真を撮るときは直前にこのトレーニングを行うと○。

老け顔改善

# フィンガーINスマイル

3セット

## 1 人差し指を軽くくわえる

口まわりの緊張を解き、人差し指を
軽くくわえる。

**このトレーニングで得られる効果**

- 頬の筋肉を鍛えることでハリを取り戻し、目頭から斜め下に現れる**「ゴルゴ線」の原因であるたるみ**が改善される。
- 指をくわえることで、**口まわりから余計なこわばり**が解ける。
- 頬の位置が上がり、ハツラツとした印象に。小顔効果も大。

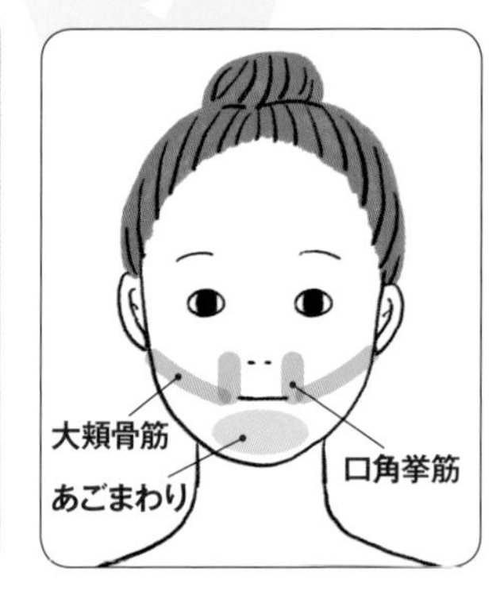

# 2 頬と口角を持ち上げる

上の歯が8本見えるように、頬と口角を持ち上げる。次に頬をリラックスさせる。これを5～10回行う。

下の歯が見える。

POINT

頬が落ちているとやる気のない表情に見えてしまいます。見た目印象を上げたいときにおすすめ。

下がった口角に
# 唇INアップ&ダウン

## 1 唇を巻き込み口角を上げる

唇を内側に巻き込み、口角を上げる。

口角は斜め上に上げる。

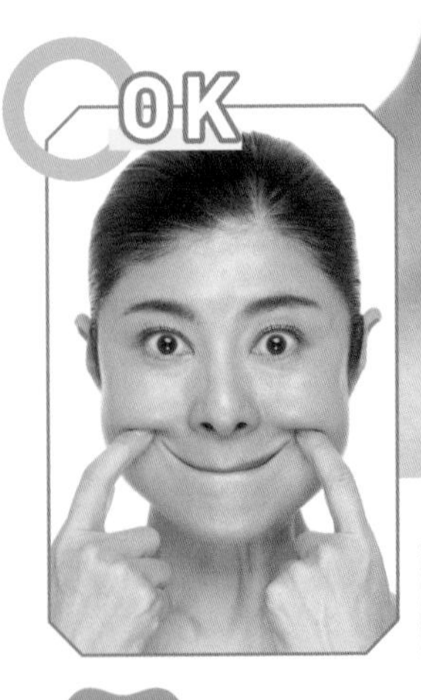


口角が上がらない人は指でサポートする。

ここの筋肉を意識!

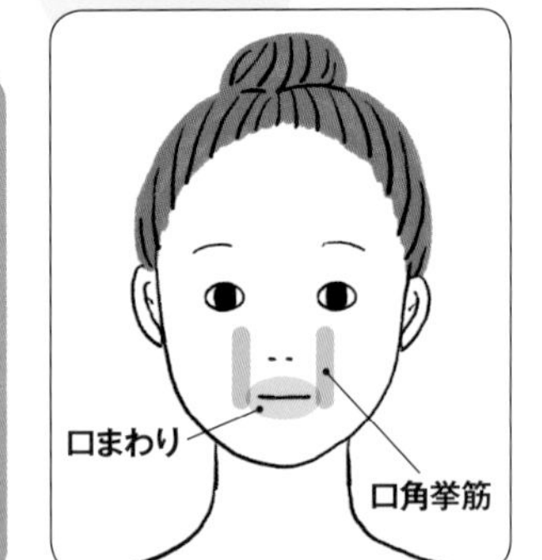


このトレーニングで得られる効果

- **唇を口の中に巻き込むこと**で、口角を上げるための**「口角挙筋」**を使えるようになる。
- 口角の上げ下げがスムーズになり、より自然な表情が作りやすくなる。

# 2 口角を戻す

口角を元に戻す。この上げ下げを5～10回繰り返す。

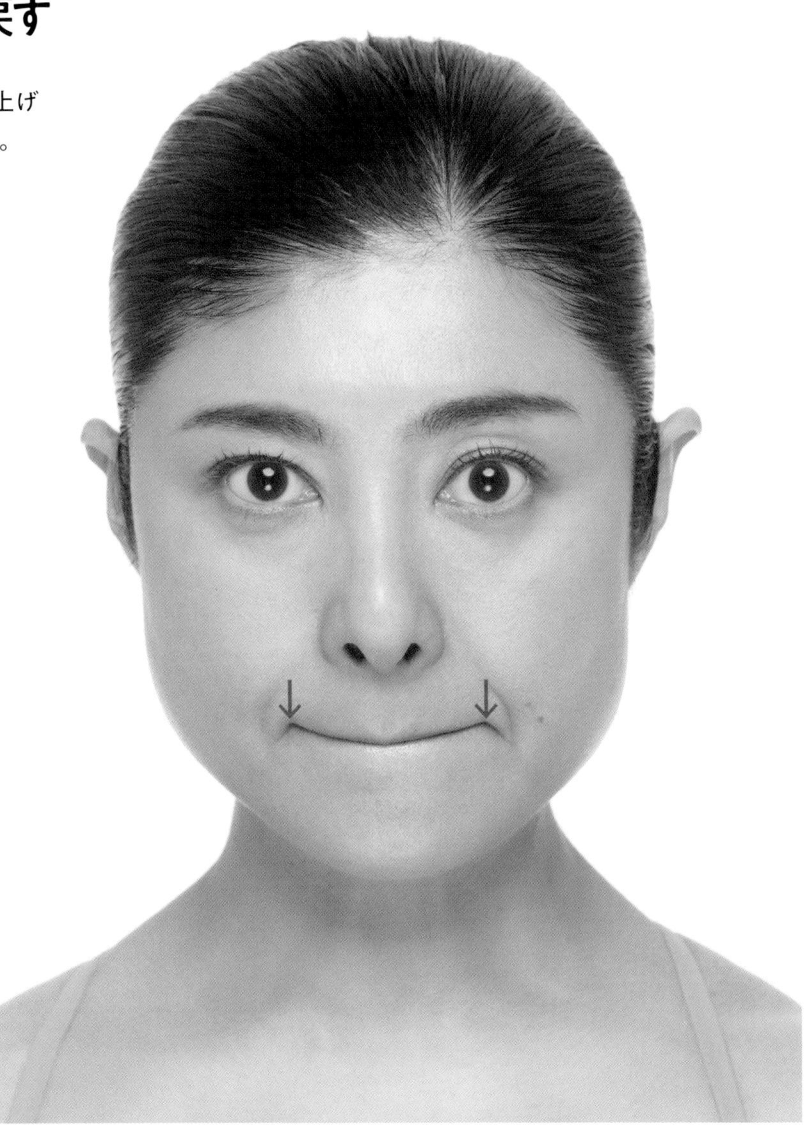

POINT

笑ったときに口角が片方しか上がらないと、皮肉気な人というイメージをもたれてしまい、印象で損をしてしまう場合も。口角の上がり方に左右差がある人は、鏡を見ながら丁寧に行いましょう。

4週目

頭がスッキリする

# 頭蓋骨ストレッチ

2セット

## 1 軽く首を伸ばし、親指をぼんのくぼに当てる

親指をぼんのくぼに当て、頭蓋骨を固定させる。

親指でぼんのくぼを押す。

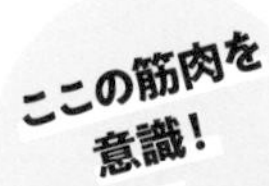

**このトレーニングで得られる効果**

- 頭を手で支えることで、目を動かす「外眼筋（がいがんきん）」の作用と、舌を伸ばす「舌筋」の引っ張り合いを感じられる。
- **顔の上半分と下半分の重心のバランス**が整い、頭がスッキリする。
- 頭の使いすぎでこり固まった目・首・舌を、互いに引っ張り合うことで血行をよくする。

ここの筋肉を意識！

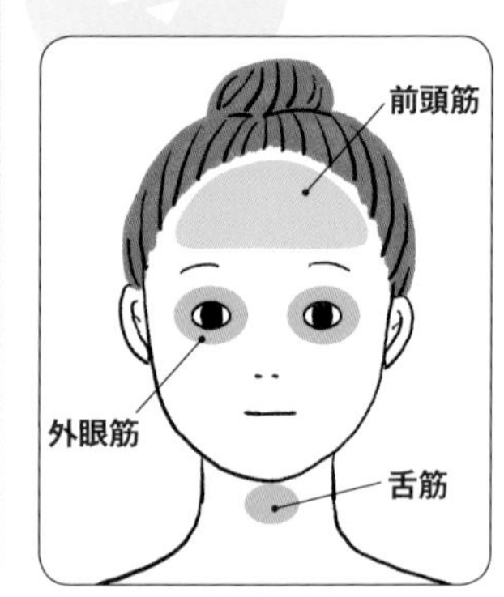

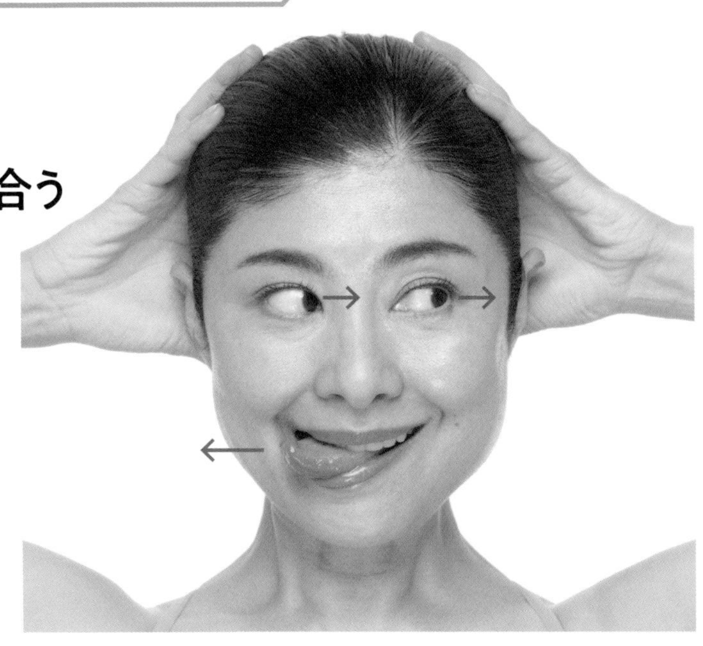

## 2 目線と舌を逆方向に引っ張り合う

目線・舌・親指の3点を意識して、
目線と舌を左右逆方向に動かし、
引っ張り合う。5〜10秒キープする。

## 3 反対側も同様に

反対側も同様に5〜10秒キープする。

POINT

目が疲れているときは、頭も首も緊張状態に。しっかりストレッチすることで頭の回転もよくなります。

4週目

今週の
リラックスメニュー

気分を上げる

# ポジティブウォーキング

## 1 口を「ウー」の形にして顔を上げて歩く

歩くときに顔を上げて首の後ろを伸ばす。口をすぼめて頬全体を緊張させる。

「ウー」と口をとがらせる。

足の裏で地面を感じ、頭をふわっと高いところに！

NG

背が丸まり、肩が前に出てあごが突き出ている。お腹もゆるんでいる。

このトレーニングで得られる効果

- 意識して頬と口角を上げることで、**表情から気持ちを上げる**スイッチが入る。
- シンプルなリズム運動で、心を落ち着かせることができる。

## 2 頬を上げて口を「ニー」の形にして歩く

頬を持ち上げ、「ニー」の形にして呼吸を意識して歩く。「ウー、ニー」を繰り返しながら、テンポよく歩く。

「ニー」と口角を上げる。

POINT

特に、疲れやストレスを感じているときは、駅までの道や散歩、ウォーキングなど、取り入れられるタイミングでまめに行いましょう。その場の足踏みでもOK。

まとめ

顔が動くようになったら、表情をよりよくする意識を！

# 大人のTPO顔を手に入れよう！

仕事に集中しなければならないのに、悩みごとのせいでそれどころではなかった…なんてことはありませんか？　「感情」より「表情」が先だという心理学理論もあります。TPOにふさわしい表情作りを心がけることから、気持ちを切り替え、自分を向上させる意識を持ちましょう。

## TPOに応じた表情作りを！

### 笑顔

コミュニケーションの第一歩は笑顔。
ニコニコしている人に、人は話しかけたい、この人には相談できるかもと思います。「なぜ私には本当のことを話してくれないんだろう？」と思っている人ほど、顔が停滞していて、人の話を聞く顔の準備ができていない傾向が。

### シリアス顔

いつもニコニコしているけれど、たまに見せる真剣な表情は「真剣さ」「真面目さ」「誠実さ」といったメリハリを伝え、より真意を伝える軸のある人物像を作ります。

大人になると、涙を流すことも少なくなりますが、「涙活」は最大のストレス解消法。
忙しいときやツライときこそ、「わ～ん！」と泣いてみて！

気持ちが落ち込んでいるときほど、表情が自分を助けてくれます。意識して笑顔を作ることは多少無理がありますが、最大の効果はみなさんの笑顔を見た人たちが笑顔になり、その笑顔に自分が癒され元気が出るということです。笑顔は伝染するのです！

作る表情から
気持ちが変わり、
コミュニケーションも
スムーズに！
人生が好転します！

## おわりに

# 『猫背になるから顔が垂れる』から
# コアフェイストレーニングは生まれた

運動センスがまったくゼロだった私が、
2000 年にアルゼンチンタンゴを踊ることに目覚めてから 10 年。
熱心に体ばかり鍛えていたら、顔だけが衰えていることに気がつきました。
そこで次の 10 年は、顔を鍛えることに集中するようになりました。
しかし、毎日タンゴを踊らなくなると、
今度は体が衰え始めただけでなく、フェイスラインも怪しくなってきて首ジワが…。

そんなある日、ミロンガ（タンゴパーティー）に行って、みなさんの踊りを見ていたときに、
大きな発見がありました。

タンゴは床と天井を意識し軸から体を動かす踊り。
軸がしっかりしている人ほどフェイスラインがスッキリしているのです。
それも、若い方だけでなく、シニアの方も。

逆の言い方をすれば、
『猫背の人ほど顔が垂れる』
やみくもに体だけ、顔だけ鍛えてもダメ、
軸を意識して顔と体をつなげて動かすことが大事なのだと気づいた瞬間でした。

そこで、踊りや運動をしない方でもかんたんに体を整えて、
顔を動かすことができるメソッドを作ろうと
2020年、『コアフェイストレーニング』を考案しました。

坐骨から頭蓋骨までをつなげた中心軸を『コアフェイス』と名づけ、その軸に沿って
ミニマムに顔を鍛えるトレーニングです。
あらゆるムダな力を抜いてから、コアフェイスのポジションを整え、
踊るように、体から顔を動かし続けていると、次第に感覚が研ぎ澄まされていきます。
そして、『自分の顔と体の使い方』がより明確になっていくと、不思議と自信がみなぎって
くるのです。

世の中には過去の私と同じように顔に多くのコンプレックスを抱えていたり、
人と話すことに緊張して顔がこわばってしまって、人づき合いが苦手と感じていたり、
顔や人間関係のトラブルで、自分を責めている方も多いと思います。
でもそれは、『あなたのせいではなく、ただただ顔の運動不足なだけ』なのです！
コアフェイストレーニングで、顔の使い方が明確になってスムーズに顔が動くように
なると、不安は解消されます。それも３日〜１ヶ月以内で、かんたんに！

今の私は、以前より顔がスムーズに動くようになったことで、
口角を上げて目をしっかり開くことで自分のやる気を引き出したり、表情筋を
ゆるめることで心を落ち着かせたり、
『顔を動かすことから、気持ちも体調も整える』ことが自然とできるようになり、
何となく、余裕をもって振る舞えるようになりました。
顔の動きが少しでも変わると心の持ちようが変わってきて、表情力が増し、人生が予想
以上に好転します。

『表情力を鍛えることで、みなさんの内側に眠っている未知なる魅力を引き出す』
これが私の仕事だと思っています。
ぜひこの本でみなさんもご自身の『表情筋の使い方』と『表情力を鍛える方
法』を知ってもらい、輝くきっかけにしていただければ幸いです。

最後に、今まで私にたくさんの気づきを与えて成長させてくださった方々、
本書のメニューのセレクトを一緒に考えてくれた
顔の学校『MY メソッドアカデミー』の生徒さんたちに感謝申し上げます。

ままだよしこメソッド株式会社（略：MY メソッド）
表情筋研究家　間々田佳子

## 間々田佳子　*Yoshiko Mamada*

表情筋研究家。1972年生まれ。レッスンの受講生3万人以上、著書は15冊以上。累計56万部を誇る「顔の筋肉」のプロフェッショナル。自身のたるみ顔を改善した経験をふまえた指導がメディアで話題になり、大企業の社員研修や女性向けの大型イベントで講師を務めるなど、全国各地で活動している。顔ヨガカリスマ講師を経て表情筋研究家となり、2020年ままだよしこメソッド株式会社を設立。顔の最強メソッド『コアフェイストレーニング』を考案。顔の筋トレを広めるべく精力的に活動している。

公式HP　https://www.mamadayoshiko.com



1週間後には「マイナス7歳」見ちがえる!

**間々田佳子のかんたん顔筋トレ**

2021年6月18日　初版発行
2024年1月25日　3版発行

著者／間々田佳子
発行者／山下直久
発行／株式会社 KADOKAWA
〒102-8177
東京都千代田区富士見2-13-3
電話　0570-002-301（ナビダイヤル）
印刷所／TOPPAN株式会社



本書の無断複製（コピー、スキャン、デジタル化等）並びに
無断複製物の譲渡及び配信は、著作権法上での例外を除き禁じられています。
また、本書を代行業者などの第三者に依頼して複製する行為は、
たとえ個人や家庭内での利用であっても一切認められておりません。



●お問い合わせ
https://www.kadokawa.co.jp/（「お問い合わせ」へお進みください）
※内容によっては、お答えできない場合があります。
※サポートは日本国内のみとさせていただきます。
※ Japanese text only

定価はカバーに表示してあります。



©Yoshiko Mamada 2021　Printed in Japan



ISBN 978-4-04-896996-3 C0077